中国文化
知识读本

ZHONGGUO WENHUA ZHISHI DUBEN

金开诚◎主编

于 元◎编著

吉林出版集团有限责任公司
吉林文史出版社

秦砖汉瓦

图书在版编目（CIP）数据

秦砖汉瓦 / 于元编著 . —长春：吉林出版集团有
限责任公司：吉林文史出版社，2009.12（2022.1 重印）
（中国文化知识读本）
ISBN 978-7-5463-1261-3

Ⅰ.①秦… Ⅱ.①于… Ⅲ.①古砖 – 考古 – 中国 – 秦
汉时代②古瓦 – 考古 – 中国 – 秦汉时代 Ⅳ .① K876.3

中国版本图书馆 CIP 数据核字（2009）第 223123 号

秦砖汉瓦

QINZHUAN HANWA

主编/ 金开诚 编著/于元

项目负责/崔博华　责任编辑/曹恒　崔博华

责任校对/梁丹丹　装帧设计/曹恒

出版发行/吉林文史出版社　吉林出版集团有限责任公司

地址/长春市人民大街4646号　邮编/130021

电话/0431-86037503　传真/0431-86037589

印刷/三河市金兆印刷装订有限公司

版次/2009 年 12 月第 1 版　2022 年 1 月第 5 次印刷

开本/650mm×960mm　1/16

印张/8　字数/30千

书号/ISBN 978-7-5463-1261-3

定价/34.80元

关于《中国文化知识读本》

文化是一种社会现象，是人类物质文明和精神文明有机融合的产物；同时又是一种历史现象，是社会的历史沉积。当今世界，随着经济全球化进程的加快，人们也越来越重视本民族的文化。我们只有加强对本民族文化的继承和创新，才能更好地弘扬民族精神，增强民族凝聚力。历史经验告诉我们，任何一个民族要想屹立于世界民族之林，必须具有自尊、自信、自强的民族意识。文化是维系一个民族生存和发展的强大动力。一个民族的存在依赖文化，文化的解体就是一个民族的消亡。

随着我国综合国力的日益强大，广大民众对重塑民族自尊心和自豪感的愿望日益迫切。作为民族大家庭中的一员，将源远流长、博大精深的中国文化继承并传播给广大群众，特别是青年一代，是我们出版人义不容辞的责任。

《中国文化知识读本》是由吉林出版集团有限责任公司和吉林文史出版社组织国内知名专家学者编写的一套旨在传播中华五千年优秀传统文化，提高全民文化修养的大型知识读本。该书在深入挖掘和整理中华优秀传统文化成果的同时，结合社会发展，注入了时代精神。书中优美生动的文字、简明通俗的语言、图文并茂的形式，把中国文化中的物态文化、制度文化、行为文化、精神文化等知识要点全面展示给读者。点点滴滴的文化知识仿佛颗颗繁星，组成了灿烂辉煌的中国文化的天穹。

希望本书能为弘扬中华五千年优秀传统文化、增强各民族团结、构建社会主义和谐社会尽一份绵薄之力，也坚信我们的中华民族一定能够早日实现伟大复兴！

【目录】

一 多姿多彩的秦砖汉瓦

秦砖最早发现于陕西扶风云塘的灰坑中

秦始皇统一中国后，结束了诸侯割据的局面，各地区广泛交流，使中华民族的经济、文化得以迅速发展。到了汉代，社会安定，生产力有了长足的发展，手工业的进步更是突飞猛进。

在这种大好形势下，秦汉的建筑业也兴盛起来。秦汉时期制陶业的生产规模、烧造技术、生产数量和产品质量都大大超过了以往的任何时代。秦汉时期建筑用陶在制陶业中占有重要的地位，出现了富有特色的砖和瓦当，素有"秦砖汉瓦"之称。

砖属于建筑用陶器，在中国古代建筑中被广泛应用，是房屋、城墙、道路、陵墓的主要建筑用材。秦砖最早发现于陕西扶风云塘的灰坑中，用于贴筑土墙表面，有保护和装饰作用。砖的普遍使用是在春秋战国时期，其形状有方形、长方形、曲尺形等，用于铺地和砌墙。战国时秦国还有空心砖，上压印花鸟纹，多用于贵族墓室中。

随着制陶业的发展，秦砖的生产规模日益扩大，烧造技术日益进步，砖的质量日益提高，品种也增多了。

秦砖主要有铺地砖和空心砖两种。如按形状区分，则有子母砖、五棱砖、曲尺形砖、楔形砖等。

铺地砖砖面饰有太阳纹、米格纹、小

饰有太阳纹的秦砖

多姿多彩的秦砖汉瓦

方格纹、平行线纹等；空心砖多模印有几何纹饰，或用阴线刻画龙纹、凤纹。

与此同时，也出现了铭文砖、画像砖。铭文多为戳印的玺印式，画像内容尚很简单。

在咸阳、临潼、风翔等地发现了大量的秦代铺地青砖和画像砖。秦砖主要用于城墙、拱桥、塔等建筑，并得到了广泛的应用和发展，如举世闻名的万里长城，就是两千多年前用秦砖建造的世界上最伟大的工程之一。

1984 年 8 月，秦皇岛市考古人员在金山嘴南部高地的海神庙、南天门一带进行考古调查时，发现有秦代的建筑遗迹和

秦代铺地青砖

遗物，出土了菱形纹空心砖、巨型高浮雕夔纹瓦当以及云纹瓦当，还发现了大量的板瓦、筒瓦等建筑构件。

河北省文物研究所、秦皇岛市文物管理处、北戴河区文物保管所共同组成考古队，于1987年至1991年在横山进行了大面积的考古发掘工作，取得了很好的成果。基址中间有用素面砖和小菱格纹砖铺砌的方形池子，池深47厘米。池中有陶井一口，井口直径110厘米，深140厘米，用4层井圈构筑而成，井底以方砖铺平。在遗址的发掘过程中，出土了云纹圆瓦当和成堆的空心砖和筒瓦碎片。

秦代建筑遗址的古砖墙

除此之外，北戴河剑秋路、石油疗养院西侧等地段，也发现过特点相同的古代建筑遗迹。

石碑地遗址中心建筑物的台基厚度为2.1米，以长条形地面砖或空心砖镶边。建筑台基南面有东西两个台阶，东部和西部各有一侧阶。每个台阶通宽为3.3米，并排铺设两排空心砖。

在1号大夯土台北侧，还发现了设计科学的沐浴间。这种由地面砖砌成漏斗状，有着良好排水系统的设施，是秦代建筑考古中的首次发现，在遗址的等级研究上意义是重大的。

秦代的陶塑十分发达，具有很高的艺

术价值。秦代砖瓦也久负盛名。秦砖质地坚硬，素有"铅砖"的美称。

空心砖是盛行于战国秦汉时期的巨形建筑材料，被用作宫殿、官署或陵园建筑。空心砖上大都饰有图案，多是几何图案、动物图案以及历史或神话故事。

西汉前期，真正的砖出现了，此时的砖是小型砖，区别于体积庞大的空心砖。这是汉代在建筑方面的一大发明。其特点是小型、实心、长方形或正方形，长度从20多厘米到30多厘米不等，用于各种建筑中。

小型砖的装饰图案以几何纹为主。

西汉印纹画像空心砖

西汉时期，大型建筑普遍用砖铺地。同时，空心砖墓也广为流行。汉武帝以后，砖文内容不断丰富，表现形式也摆脱了玺印式的模式，形成了自己独特的艺术风格。

汉代画像砖有空心和实心两种。西汉时期，空心砖的制作又有了新的发展，砖面上的纹饰图案题材广泛、内容丰富、构图精练、形象生动、线条刚健。画像内容十分丰富，包括人物、乐舞、车马、狩猎、驯兽、击刺、禽兽、神话故事等。这些富有艺术价值的陶质工艺品，为我们研究汉代的社会面貌及绘画艺术提供了形象的实物资料。

东汉初期，画像空心砖的应用从中原地区扩展到四川一带。中原地区空心画像砖在东汉后期被小砖所替代，而四川则延续到蜀汉时期。这一时期的画像砖内容更为丰富，有反映各种生产活动场景的，如播种、收割、舂米、酿造、盐井、探矿、桑园等；有描写社会风俗的，如市集、宴乐、游戏、舞蹈、杂技、贵族家庭生活等，还有神话故事等等。这些画像砖是当时社会生活、生产活动的真实写照，在历史研究、科学研究及艺术上都很有价值。

在房顶铺设板瓦和筒瓦，在屋檐处安置瓦当

据文献记载，瓦出现在母系社会进入父系社会的时候。瓦作为中国古代建筑材料，是中国建筑史上划时代的产物。瓦的实物最早见于西周早期遗址。瓦当一般为泥质灰陶，陶土一般要求土色纯黄、粘性较好、沙石较少的黄壤土烧制而成。

中国古代的瓦分为板瓦和筒瓦两种。在房屋的顶部铺瓦时，先将板瓦依次仰置于屋顶，然后再以筒瓦覆扣于板瓦与

房檐上的瓦当

板瓦纵向相接的缝上。在接近屋檐最下面的一个筒瓦头部有一个下垂的半圆或圆形部分，即瓦当。瓦当的主要功能是蔽护屋檐、防止风雨侵蚀，延长建筑物的寿命，同时又起着美化和装饰屋檐的作用。

瓦当的实物最早见于西周中晚期陕西扶风召陈遗址。瓦当的出现反映了我国古代建筑技术的发达，它是中国古代众多发明之一。

2003年夏秋之际，陕西省凤翔县豆腐村村民在建房取土时，挖出了许多烧制变形和破损的秦国筒瓦。考古专家经过钻探和试掘，在当地发现一个陶质建材作坊。这里出土的两千多件文物大部分是战国早中期的遗物，有方砖、筒瓦、瓦当、贴面墙砖、陶鸽、陶俑等。

陕西扶风召陈遗址出土的秦瓦

在出土文物中，最具特色的是一批动物纹瓦当，有鹿蛇纹、凤鸟纹、獾纹、鹿纹、虎鹿兽纹等。其中有些图案和内容是首次发现，大大丰富了我们已知的战国时期秦瓦当的内容。

秦代瓦当以莲纹、葵纹、云纹为多，秦宫遗址出土的巨型瓦当饰以动物变形图案，与铜器、玉器图案风格相近。

汉代瓦当以动物装饰最为优秀，除了

西汉瓦当

造型完美的青龙、白虎、朱雀、玄武四神兽以外，兔、鹿、牛、马也纷纷走上了瓦当。

汉代瓦当出土数量最多，形式最丰富，质量最高，是我国古代瓦当艺术中独一无二的珍品。

汉代瓦当纹饰更为精美，画面仪态生动，除常见的云纹瓦当外，又出现了大量的文字瓦当，如"千秋万岁""汉并天下""万寿无疆""长乐未央"等。这些文字瓦当，字体有小篆、鸟虫篆、隶书等，布局疏密有致，章法优美，质朴醇厚，表现出中国文字的独特风格。

秦汉建筑的装饰如此华美，其主体建筑可想而知。如阿房宫等建筑无不金碧辉煌，雕梁画栋，有如天上宫阙。

人们常用秦砖汉瓦来形容秦汉两代在建筑材料方面的成就，既指炉火纯青的砖瓦制造技术，也指独特的造型艺术。

秦砖汉瓦是在制陶工艺高度发达的基础上产生的。在规模宏伟的大型建筑物上，配以造型精巧的秦砖汉瓦，构成了极富中华民族特色的建筑模式。

近几十年来，全国各地出土了大量的秦砖汉瓦，是研究秦汉时期建筑业、手工业、书法、雕塑等方面的重要资料。

二　秦砖汉瓦的先声

商代陶器

　　水有源，树有根，秦砖汉瓦的辉煌不是从天而降的，而是在商周制砖造瓦的基础上发展起来的。

　　中国建筑史上陶器的烧造和使用是从商代开始的。

　　1973 年对位于河北省藁城县台西村的商代中晚期文化遗址进行发掘时，发现房址 14 座，分半地穴式和地面建筑两种。其中最大的房址有 6 间，以木柱为房架，墙壁以夯土和土坯砌筑。这种土坯就是砖的萌芽。

　　后来，我们祖先受到了制陶的启发，将土坯入窑烧制成砖，使其硬度大为提高了。

板瓦

西周初期，我们祖先又造出了板瓦、筒瓦等建筑陶器。

砖是在西周时期开始用在建筑上的。

1976年以来，周原考古队在周原发现了先周时期的空心砖、条砖和板瓦。大量的空心砖、条砖、板瓦显示出周公庙遗址曾有过类似宫殿的高大建筑。先

周砖瓦的发现将我国使用砖瓦的历史提前了800年。

春秋战国时期，群雄并起，政治、经济、文化飞速发展，各国都大兴土木，营建宫室殿宇，这就大大促进了建筑的繁荣，砖和瓦当艺术也随着建筑的发展而大放异彩了。

秦砖有方形砖、长方形砖、空心砖、画像砖、曲尺形砖、楔形砖、子母砖等。方砖主要作铺地用；空心砖形体较大，用于宫殿、官署、陵园的建筑；画像砖主要用来砌墓室；楔形砖、子母砖一端有榫，一端有卯，用于墓室的拱券部位。

方砖的饰纹有太阳纹、米格纹、小方格纹、平行线纹等，有的还有文字；长方形砖有细绳纹，有的在一端或侧面印有铭文。

周原遗址属全国重点文物保护单位，其中心在今陕西扶风、岐山一带，是周文化的发祥地和灭商之前周人的聚居地。这一地区北倚岐山，南临渭水，形如高阜，海拔900米。东到武功，西到凤翔、宝鸡一带。东西长达70公里，南北宽约20公里。周原地处关中平原西部，土地肥沃，气候温和，四季分明，自古以来就是人类繁衍生息的理想之地。三千多

熊饰空心砖

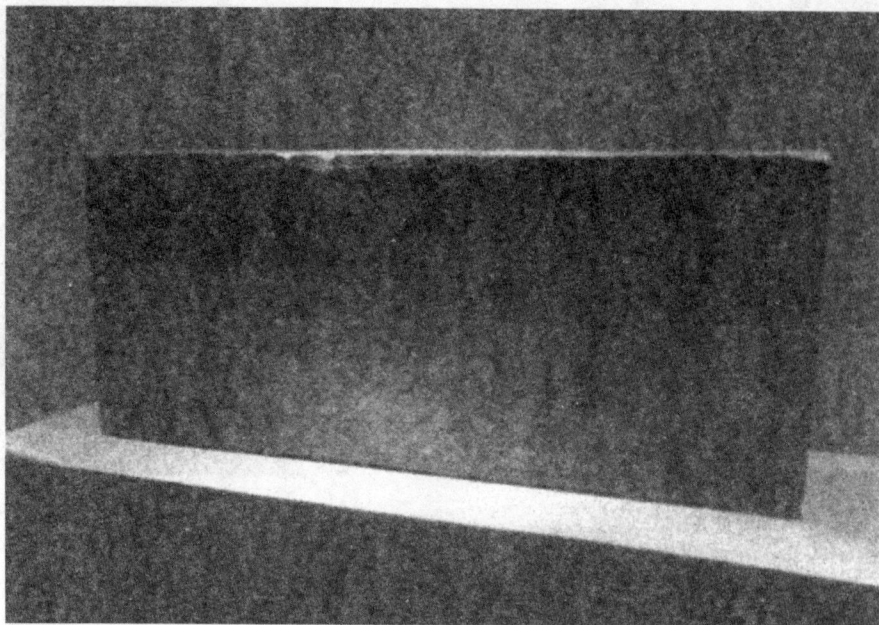

空心砖

年前，定居于豳（今陕西长武、彬县一带）的姬姓部落因经常受到戎狄的侵扰，在其首领古公亶父的率领下，举族迁徙到岐山之下的周原，建立了岐邑。古公亶父、王季、文王三代在周原励精图治，终使国力日强，成为殷商时期西方强大的诸侯国。

周原是周人重要的发祥地和祭祀天地、祖宗、神祇的圣地，一些重大国事活动都在此举行。周人在周原的活动留下了极为丰富的文化遗存。

2004年，周公庙考古队到距周公庙遗址约20公里的凤翔县糜杆桥镇水沟村进行考古调查，发现了8块残缺的先周和西周时期的空心砖和条形砖。

2006年，周公庙考古队在对一组大型建筑基址进行局部发掘时，出土了一块长达1米的板砖，宽30厘米，厚5厘米，砖体呈灰褐色，上面有密密麻麻的绳纹。这块巨砖的发现说明周公庙地区有大型宫殿遗址。这块最大的砖被称为"西周第一板砖"。

1960年7月，陕西省文管会在岐山、扶风一带考查时，于扶风县陈家、白家两地西周遗址内发现了不少板瓦和筒瓦。

在陕西扶风召陈村的西周晚期大型建筑基址，曾发现很多不同形式的板瓦和

西周遗址发现的筒瓦

筒瓦，还有纹饰与铜器重环纹相似的半瓦当。

战国时期的半瓦当可分素面和带有花纹、文字者两大类，各地所出花纹瓦当各具特色：燕国多为饕餮纹；齐以树形纹为主，还有带文字的；周也以饕餮纹为多，但已简化，仅突出饕餮的双目，以后渐转为卷云纹；秦砖有山形纹、树纹和云纹，和关东六国的瓦当颇为相像。

"燕国饕餮纹半"瓦当，出土于河北易县燕下都遗址。燕下都是燕昭王时期修建的，是燕国通往齐、赵等国的咽喉，也是燕国南部重镇。燕下都自1930年调查发掘以来，发现许多大大小小的宫殿建筑遗存，其中有印有华美纹饰的瓦当，瓦当

燕国饕餮纹半瓦当范

燕国四虎纹半瓦当

的花纹多达 30 余种。这些瓦当为研究燕国城市建设的规模、布局和建筑艺术提供了第一手资料。

"燕国饕餮纹半"瓦当的纹样借用了商周青铜器上的图形。饕餮是一种传说中的神兽，瓦当上出现的这种怪兽只有头部形象。

饕餮纹是常见的花纹之一，盛行于商

饕餮纹瓦当

代至西周早期。饕餮是一种想象中的神兽，是古人融合了自然界各种猛兽的特征，同时加以自己的想象绘成的。饕餮纹虽然是拼合组成的，但并不是随意拼凑的。古人在现实生活中的各类动物身上发现了应有的特质，于是在塑造饕餮形象时便取羊或牛角代表尊贵，取牛耳代表善辩，取蛇身代表神秘，取鹰爪代表勇武，取鸟羽代表善飞。饕餮纹有的有躯干和兽足；有的仅有兽面，兽面巨大而夸张，装饰性很强，称兽面纹。古人认为饕餮能通天地，能通生死，公正威猛，勇敢多智，能驱鬼避邪。

民间传说饕餮是东海龙王的第五个儿

子，没有身体，只有一个大头和一个大嘴，十分贪吃，见到什么吃什么，由于吃得太多，最后被撑死。于是，饕餮成了贪欲的象征。

齐国临淄是当时规模大、人口多、经济繁荣的都市之一，遗留至今的瓦当十分丰富，艺术风格独树一帜。齐国瓦当采用经过筛选的黄土做坯，经高温烧制，质地细密坚硬，色泽均匀，表里一致，呈灰色或蓝灰色。齐国瓦当的形制分半圆形和圆形两种，半圆形瓦当出现于春秋时期，流行于春秋战国至西汉早期。圆瓦当出现于战国中期，较半瓦当稍晚一些，曾与半瓦当一同流行，东汉时期则完全取代了半瓦当。

瓦当的艺术价值在于它的纹样。齐瓦当分素面瓦当、花纹瓦当和文字瓦当三种，纹样题材不但丰富，而且独具特色。齐瓦当纹样题材所反映的内容既有现实生活，也有神话传说，抽象与具体并存，在大量使用现实主义创作手法的同时也喜欢融进一些浪漫主义的色彩，表现了人们对大自然的热爱之情。

与花纹瓦当不同，文字瓦当则更直接地反映了人们的愿望与追求，齐瓦当上的文字有"天齐""千秋""千万""延年""千秋万岁""千秋未央""千秋万岁安乐无极"等等。

西汉"与华相宜"瓦当

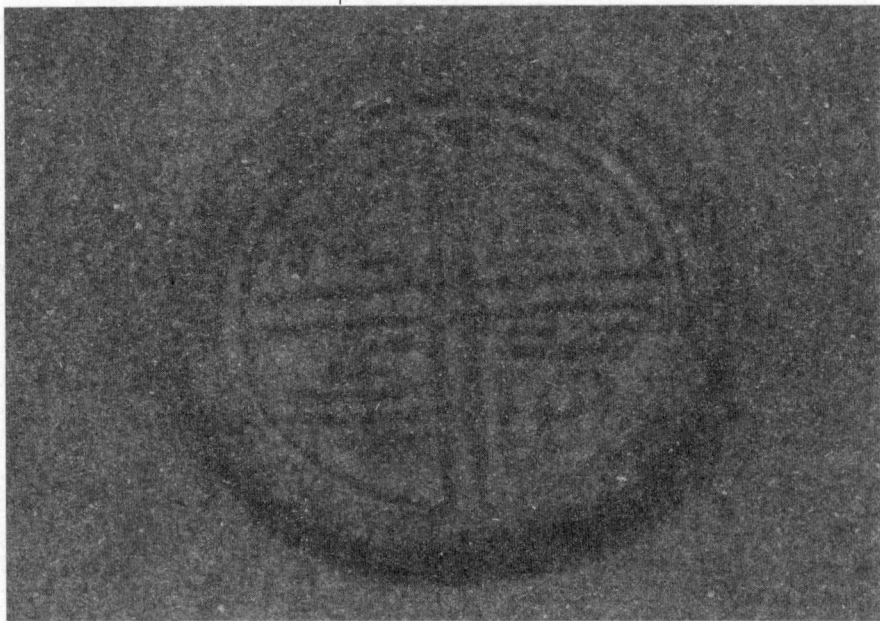

西汉"大吉万岁"瓦当

　　"天齐"文字瓦当于齐国都城临淄出土，在中国文字瓦当史上占有举足轻重的地位。《史记·封禅书》说："八神，一曰天主，祠天齐。""天齐"文字瓦当是齐国祭祀天主的祠庙用瓦，也寓含吉庆之意。天齐原是泉水名，在临淄南郊山下。目前所发现的十余种"天齐"文字瓦当，其年代可分为战国、秦、西汉三个不同时期，字形各异。秦统一中国之前，文字异形的现象很普遍，各地制瓦工匠都按照自己的习惯书写。插图中的"天齐"二字是齐国通用的篆书。写时随形布势，舒卷自如，毫无拘谨杂乱、繁简失序的习气。目前，齐地已发现文

花纹砖具有很高的审美价值

字类瓦当 100 余种。

　　商周劳动人民用智慧创制了砖和瓦，秦汉劳动人民又用汗水培育了这两朵奇葩，让它大放异彩，为后人留下了秦砖汉瓦。

三　秦砖

双鸟纹半瓦当

陶器作为一种器具首先应用于生活之中，制成罐、碗、盆、钵等用于储藏、饮食。商代以后，陶器的最大用途是用做建筑材料。

西周初期，筒瓦和板瓦已经出现，随后瓦当也问世了。

到了战国时期，又出现了砖。

砖瓦在秦、汉有了更大的发展，秦砖汉瓦成了建筑的基本材料。

粘土砖以粘土为主要原料，经泥料处理、成型、干燥和焙烧而成。

2006年8月，考古队发现陕西省凤翔县豆腐村遗址是战国早期向秦故都雍城

提供砖瓦类陶质建材的作坊，早期的秦方
砖也首次被发现。这种砖又厚又重，不规
格，没有足够的承重力，多数在烧制过
程中出现了变形和开裂，这是秦砖的最
初形态。后来，经过劳动人民的不断改进，
终于烧出了震古烁今的秦砖，被世人誉
为"铅砖"。

秦始皇陵园及周围遗址出土的秦砖，
陶土多取骊山泥土，未添加羼合材料。
因泥土本身含有多种矿物成份，经烧制
后十分坚固耐用，因而才有"铅砖"的
美称。

秦砖颜色青灰，质地坚硬，制作规整，
浑厚朴实，形式多样。

秦砖种类如下：

1. 素面砖：用于铺地，也称铺地砖。

2. 花纹砖，砖上有绳纹、菱形纹、回
纹、圆形纹、"S"形纹和云纹等。

绳纹是陶器的装饰纹样之一，是新石
器时代至商周时期陶器最常见的纹饰。其
制作方法是在陶坯制好后，待半干时，用
缠有绳子的陶拍在陶坯上拍印，留下绳纹，
再入窑焙烧。

其他花纹砖的制作过程是先将要表现
的题材刻在印模上，然后将印模打印在未
干的砖坯上。印模如果是阴纹，打印在砖

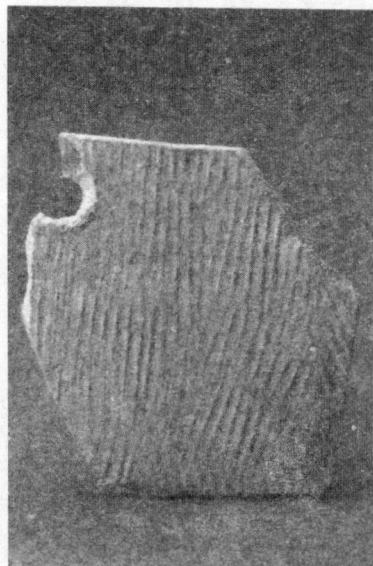

陶板瓦上的绳纹

坯上的就是阳纹；印模如果是阳文，打印在砖坯上的就是阴纹。

3. 空心砖：体积庞大、内部空而不实，又称空腹砖、空砖、圹砖、郭公砖、琴砖和亭长砖。最多的是长方形砖，也有门楣砖、支柱砖和三角形砖等。空心砖外印各种纹饰，阴纹的空心砖花纹个体较大，分布松散，线条流畅，内容有卫士、虎、朱雀、飞雁等；阳文的空心砖花纹个体较小，排列紧密，内容有舞乐、骑射、田猎等。阴纹的空心砖比阳纹的空心砖时代要早。

插图为秦代印花空心砖，砖体硕大，长110厘米，宽40厘米，厚14厘米，器

青龙纹空心砖

身浮雕阳线菱型纹，有乳钉纹，为太阳花
纹。双面浮雕，是秦代建筑典型器物，重
65公斤。

　　总之，除铺地青砖为素面砖外，大多
数砖面饰有太阳纹、米格纹、小方格纹、
平行线纹等。用于台阶或砌于壁面的长方
形空心砖，砖面或模印几何形花纹，或阴
线刻划龙纹、凤纹，有的还有射猎、宴会
等场面。

　　4. 文字砖：砖体上印有文字。

　　"秦小篆体十二字砖"，铺地砖，
长30.8厘米，宽26.7厘米，厚4厘米。
此砖正面以凸线分为十二个方格，每格
内有一阳文秦篆，文字是"海内皆臣，

秦小篆体十二字砖

岁登成熟，道毋饥人"，其意是普天下的人都是秦朝的臣民，五谷丰登，路上见不到饥饿之人。这是秦朝都城的宫殿用砖。

5. 画像砖：画像砖几乎都是宫殿建筑用砖，多为巨大的空心砖和条形砖，主要用作宫殿的台阶，其中以秦旧都栎阳和秦都咸阳出土的画像砖最为精美。

战国末期，秦国最先开始了从木椁墓向砖室墓的演变，并使用画像空心砖来修建墓室。伴随着秦军统一六国，画像空心砖墓被秦人从关中带到了关东地区。

今藏于陕西省博物馆的一块"侍卫、宴享、射猎纹画像空心砖"，是现存秦代

秦代画像砖

龙纹空心砖

模印画像空心砖的代表作。

陕西咸阳秦都第一号宫殿遗址曾出土有龙纹和凤纹的空心砖，系阴线，龙作蟠曲状，凤纹有立凤、卷凤、水神骑凤等，刻画细致，神态生动，线条矫健。

"水神骑凤砖"，1974年至1975年间于陕西咸阳秦都一号宫殿建筑遗址出土。图在空心砖残片上，已不完整。上有一水神，正面戴山形帽，仅存上身左半。其左耳挂一曲体青蛇，左臂曲肘上举，手如鸟爪，两趾。据《山海经》有神"耳两青蛇"之语，可知其右耳也有一蛇。神人左方有一凤，张口含珠，凤冠后伸，仅存头颈，其下与神人联接处为一环璧，也仅

圆形瓦当

存上半。因图像残损，难窥全貌，很难判定其确实内涵，但定源于神话，应与"秦得水德"有关。该图线条劲健流畅，形象夸张生动，富于装饰美，特别是凤体中表现羽毛的线纹，简洁匀称，变化丰富，颇具艺术匠心。

据科研部门调查，秦陵及周边出土的条型砖有大型和小型两种，大型的秦砖长

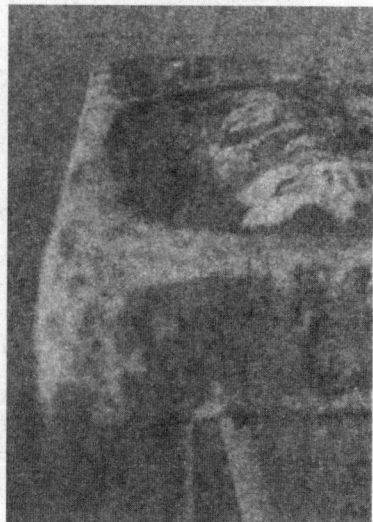

秦砖上的图案依稀可辨

42厘米，宽18.5厘米，厚8.9厘米，重14千克；小型的长28厘米，宽14厘米，厚7厘米，重5千克。条形秦砖一般具有下列特征：(1)饰有细绳纹。(2)胎体细密且含有石英砂等矿物质。(3)密度大、质地坚硬。(4)秦砖土质细腻，做工规矩，分量很重。

据有关科研单位测定，秦砖抗压强度

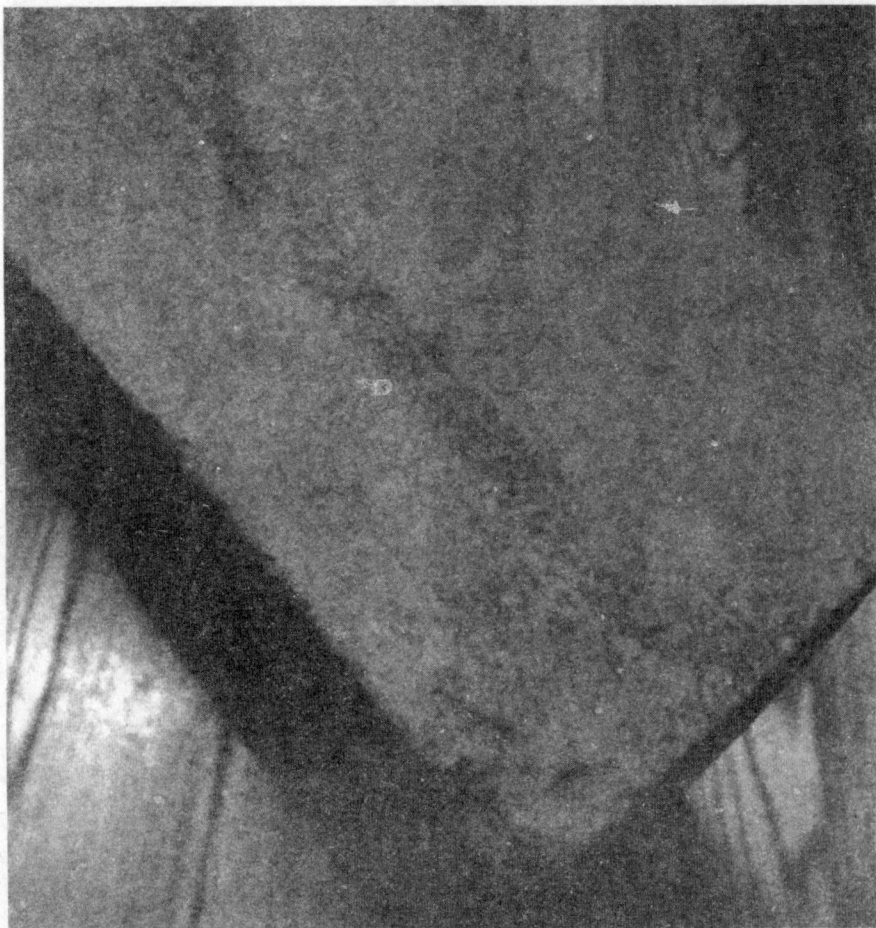

秦素面砖

达 456 千克 / 平方厘米，是一般砖的 2 倍。

原来，秦代以前砖的应用还很不普遍，砖上有花纹，具有装饰性，大都用在宫殿、墓葬等方面。

秦末汉初，砖的使用多了起来，其用途也由装饰作用向承重作用转变，构筑城池、建造房屋都开始大量用砖了。

四　秦瓦当

燕国双鸟纹半瓦当

西周末年，秦人游猎于甘肃天水一带。公元前677年，秦人来到周人故地，定都雍城。

秦人受周文化的影响，开始使用瓦当。此后290余年（前677—前383），作为秦国都城的雍城成为秦瓦当的重要生产地区。后来，秦国迁都栎阳（前383—前350年），又迁都咸阳（前350—前207年），情形也是如此。

整个战国时期，七雄各霸一方，各国所用瓦当各具特色，瓦当艺术第一个鼎盛时期形成了。其中以齐国都城（今山东临淄）的树木双兽纹半圆瓦当、燕国下都（今河北易县）的饕餮纹半圆瓦

西汉云纹"宫"字瓦当

当、秦故都雍城的动物纹圆瓦当和咸阳的云纹葵纹瓦当为最佳，形成战国瓦当艺术三分天下的鼎盛局面。而最早使用圆形瓦当、采用当面四分法和当心采用圆形装饰的秦瓦当直接影响了汉代瓦当，并引导瓦当艺术在西汉形成第二个高潮。"当面"指瓦当的正面，"当心"指瓦当的中心。

2008 年 8 月，在陕西凤翔县秦故都雍城（今陕西凤翔）遗址上，考古工作者发现了秦国雍城制陶作坊，出土了 2000 多件以动物图案为主的秦瓦当，上面大多有纹饰和文字，有很高的艺术和考古价值。

秦双兽瓦当

　　数量如此多的秦瓦当面世尚属首次。先秦瓦当并不多见，此次出土的早期秦动物瓦当共 10 类 15 种动物纹饰，丰富了早期秦瓦当的品种。

　　这次，出土了许多动物纹圆瓦当，有鹿纹、玃纹、虎燕纹、夔凤纹、鱼纹、四兽纹、斗兽纹等。这些动物形象是以当时狩猎中常见的动物为刻画对象的，反映了先秦时狩猎活动的兴盛。秦人原是一个以游牧狩猎为主的部落，喜欢将动物作为崇拜对象加以描绘，将这些动物形象生动地刻画在建筑的瓦当上。我国北方草原地区的岩画也反映了这一点。

雍城出土的动物瓦当采取自然写实手法，造型生动逼真，自由奔放。构图上无界格，不分区，多表现各类动物的侧面形象，单腿，单目，单体动物占据当面，其中以鹿居多。而且鹿的形态各异：站鹿头部微扬，机警灵敏；奔鹿前蹄高扬，跳跃奔驰；卧鹿回首顾盼，神态安详；双鹿瓦当中一只大鹿在奔跑中突然停止，几只小鹿在其身前嬉戏玩耍，活泼可爱。其中，也有鹿与其他动物同时出现在瓦当上的，如中间为一只站鹿，身边有蟾蜍、小鹿、飞鸟、犬等，巧妙地将天上的飞鸟、水中的蟾蜍等动物安排在一起。

秦鹿纹瓦当

秦瓦当

鹿纹刻画准确，抓住了鹿的基本形态特征，能以洗练的手法表现鹿的矫健轻盈和温顺机敏，栩栩如生，反映了秦人对生活的敏锐观察力和高超的表现力。

其他动物纹瓦当也刻画得十分精彩：

单獾回首张口，尾巴高举回卷，与头部呼应。

双獾相对，颈部相交，头似前伸，又似回顾，构思奇特生动，饶有情趣。

双犬上下排列，姿势相近，两耳竖起，躯体略后倾，似遇到野兽或生人，正在警觉地吠叫。

夔凤纹瓦当在雍城遗址出土较多：其

秦凤鸟瓦当

中一种躯体较瘦，双翅不明显，尾部交叉，似龙似凤；另一种形态丰满，造型优美，尾部高翘，神态安闲。从中可看出夔凤纹的演化过程。

蛙纹瓦当构图与其他动物纹不同：蛙匍匐于画面，身上花纹清晰，四爪弯曲，与瓦当的外圆吻合。线条圆润流畅，富于图案化。

鱼鹰纹瓦当：一只鱼鹰站立在画面中，喙部较长，口中衔着一条鱼。鱼鹰的尾部下垂，与衔鱼的头部构成平衡。这也反映了秦人的渔猎习俗。

这些动物纹瓦当与齐国对称严谨的树纹动物瓦当和燕国凝重繁缛的兽面纹瓦当

鹿虎蟾蜍瓦当

秦瓦当

蛙纹瓦当

秦双獾纹瓦当

相比，显得自由活泼，富于生活气息。

在秦都咸阳和临潼芷阳遗址等地出土的战国中晚期秦国的动物纹瓦当，单体动物已经很少见到了。当面出现了四区界格，并且中心圆突，所表现的动物有鹿、马、鱼、雁、龟、甲虫等。

如咸阳窑店一号宫殿遗址出土的动物纹瓦当，当面有中心圆突，双栏界格将画面分为四区，每区中有双鹿、双马、双雁、双龟，互相对称。

也有在每区中只有一只动物的，如咸阳出土的四鱼纹残瓦，每区中只有一条鱼，旋转排列。临潼芷阳遗址出土的动物纹残瓦当，一格为鹿，一格为野猪。

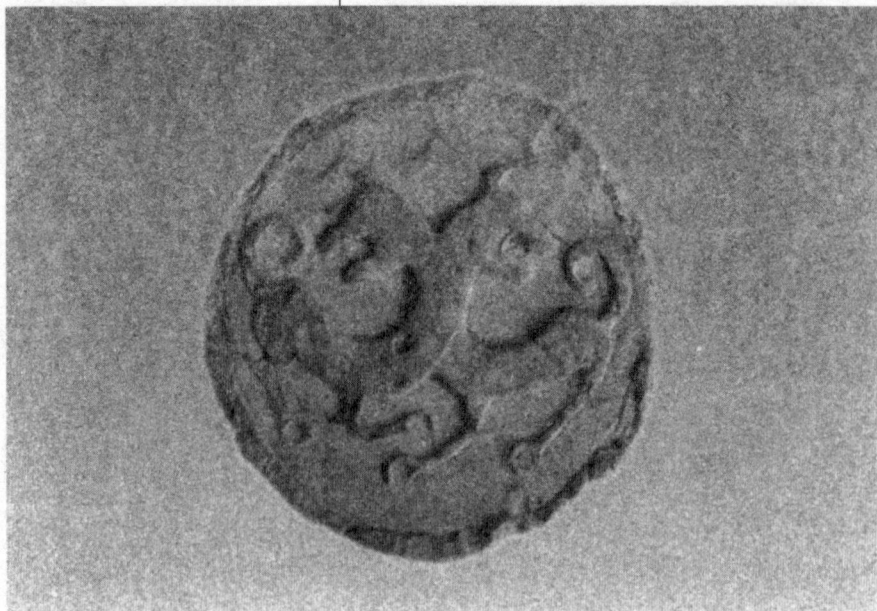

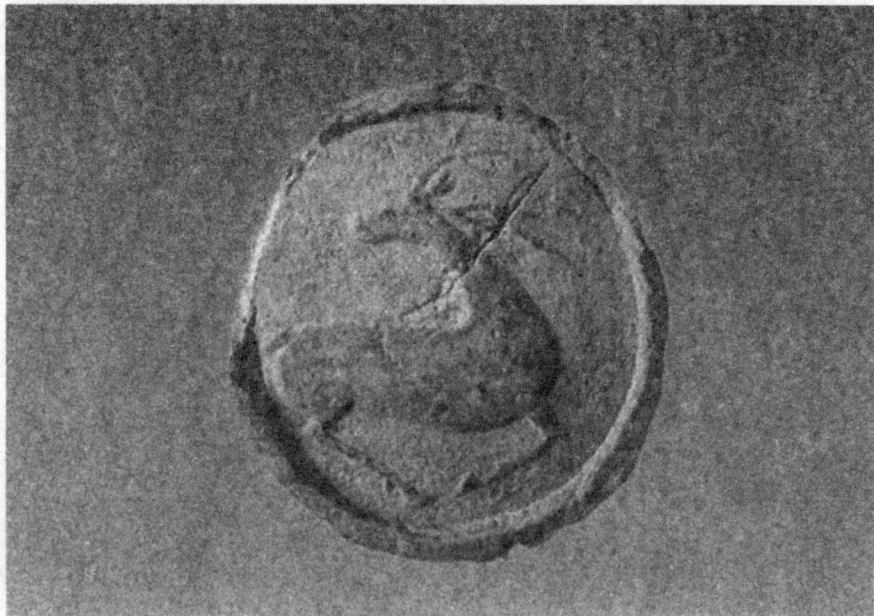

这种有中心圆突的四区格局，开创了秦汉瓦当分为四区之先河。

这些瓦当以动物纹饰为主，有鹿蛇纹、虎纹、凤鸟纹、蟾蜍纹、玃纹、虎雁纹、鹿纹、虎鹿纹等，同时还有一批西周和先秦时流行的半圆形瓦当。

西周早期的瓦当是素面的，呈半圆形，称半规瓦，秦代的瓦当由半圆形发展为全圆形。

秦瓦当时代包括春秋、战国和统一中国后的秦代，有半圆瓦当、大半圆瓦当和圆瓦当三类。

（一）半圆瓦当：

半圆瓦当是瓦当家族中最早的成员，

秦瓦当
047

秦半圆瓦当分类如下:

1. 素面半圆瓦当:盛行于春秋中晚期至战国早期,战国中晚期至秦代只有少量发现,如秦咸阳遗址出土的半圆形瓦当都是素面的,筒瓦内拍印大麻点纹,并留有明显的一层层泥条盘筑痕迹,瓦色青灰,瓦质坚硬厚重,是早期秦瓦当的典型特征。

2. 绳纹半圆瓦当:在素面半圆瓦当的当面上有绳纹饰带,多与素面半圆瓦相伴出土,流行于春秋中晚期,沿用至战国早期。在凤翔雍城豆腐村姚家岗春秋建筑遗址、马家庄春秋中晚期建筑遗址、凤翔瓦窑头都有出土,简单的风格流露着瓦当童年时的纯真。

3. 山云纹半圆瓦当与燕国大量出土的山云纹半圆瓦当很相似,区别在于秦瓦当上的云纹接于山形上,燕瓦当上的云纹多接边轮。这种秦瓦当多见于秦咸阳及渭河以南秦遗址中,如西安三桥镇就多有发现。

4. 云纹半圆瓦当的当面分两区,当心多饰网状纹。20世纪70年代中期,陕西咸阳秦都一号宫殿出土了一种瓦当,花纹即为云纹。这种纹饰是秦统一后宫殿瓦当的主要图案。这种云纹带有明显的动物倾向,有些云纹作蝉状,有些云

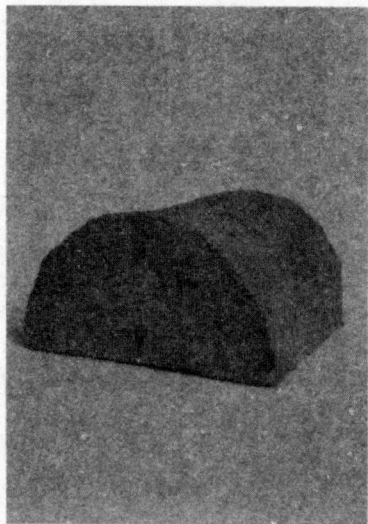

秦素面半圆瓦当

秦云纹瓦当

纹作蝴蝶状。

秦瓦当上的云纹工整精致，是汉朝云纹的样板，后世云纹瓦当都不及秦代的精细。

云是祥云，代表祥和之气。云纹瓦当表现了秦人渴望和平幸福的美好愿望。

5. 植物纹半圆瓦当：植物纹中有叶纹、莲瓣纹和葵花纹。2007 年 11 月，户县几位文史研究人员在该县石井镇农

秦大半圆瓦当

村发现了瓦当、空心砖等秦代宫殿建筑构件，为寻找秦甘泉宫（秦甘泉宫在秦代历史上曾经是一个重要建筑，是国君祭天之处。），提供了线索。其中有一块已残缺的秦代葵纹瓦当，直径约17厘米。

（二）大半圆瓦当：

又称遮朽，是为保护建筑物顶部的檩

秦豹纹瓦当

弦纹半瓦当

秦砖汉瓦

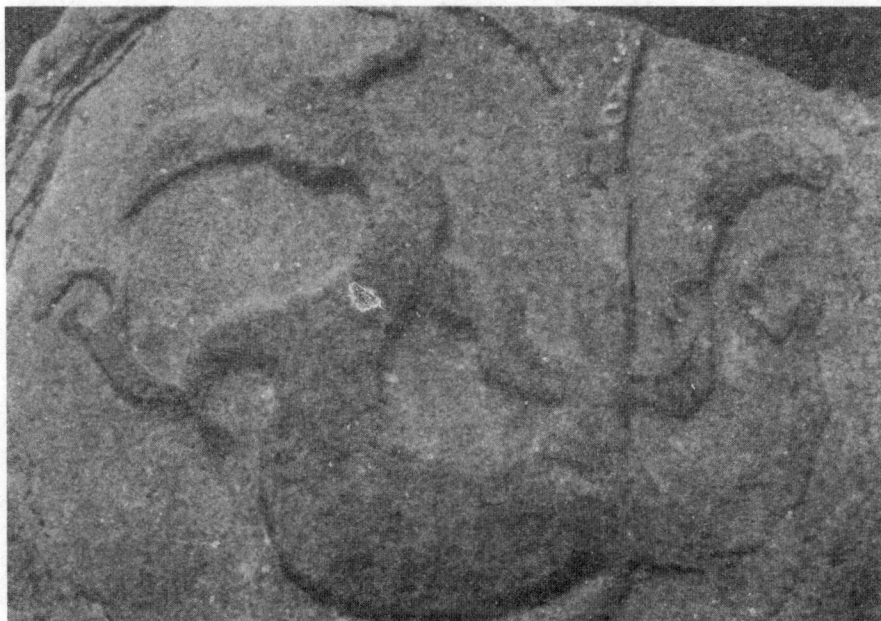

子特制的，制时在整圆的下底横向沿瓦筒切去约 1／4 即可，直径一般为 50 至 70 厘米。当面装饰着变形夔纹，呈山形构图。这种大半圆瓦当安装在皇家宫殿两侧的檩头上，流行于秦代。秦始皇陵、陕西兴平、辽宁绥中石碑地秦始皇行宫遗址都曾有发现。这种瓦当非常大，不像一般瓦当用于椽头，而是用于檩头，既起装饰作用，又防檩子腐烂，因此称遮朽。

"夔纹瓦当王"在 1977 年出土于秦始皇陵北面 2 号建筑基遗址中大半圆形夔纹瓦当，高 48 厘米，径 61 厘米，背有残筒长 32 厘米。这件瓦当是迄今已发现的秦代瓦当中的最大者，人们称之为

"瓦当王"。

夔又称夔牛，是传说中的一只怪兽，外形似龙，声音如雷，仅有一足。古人认为夔能避邪。

这座建筑遗址是秦始皇陵的便殿，四组房子分布在东西向的一条直线上。其中一、三、四号遗址破坏严重，二号遗址较完整。遗址中出土的建筑材料做工十分考究，质量皆为上乘，还有云纹瓦当、几何纹半圆瓦当。

这个大半圆形瓦当饰以粗绳纹，有麻点纹，夔纹遒劲，刀法简炼，夔纹身躯屈曲盘折，极度夸张，线条有力，突出了立体感。夔纹反复盘曲，除了形成自身的曲

原始神秘的祭坛形状在瓦当上
出现很少

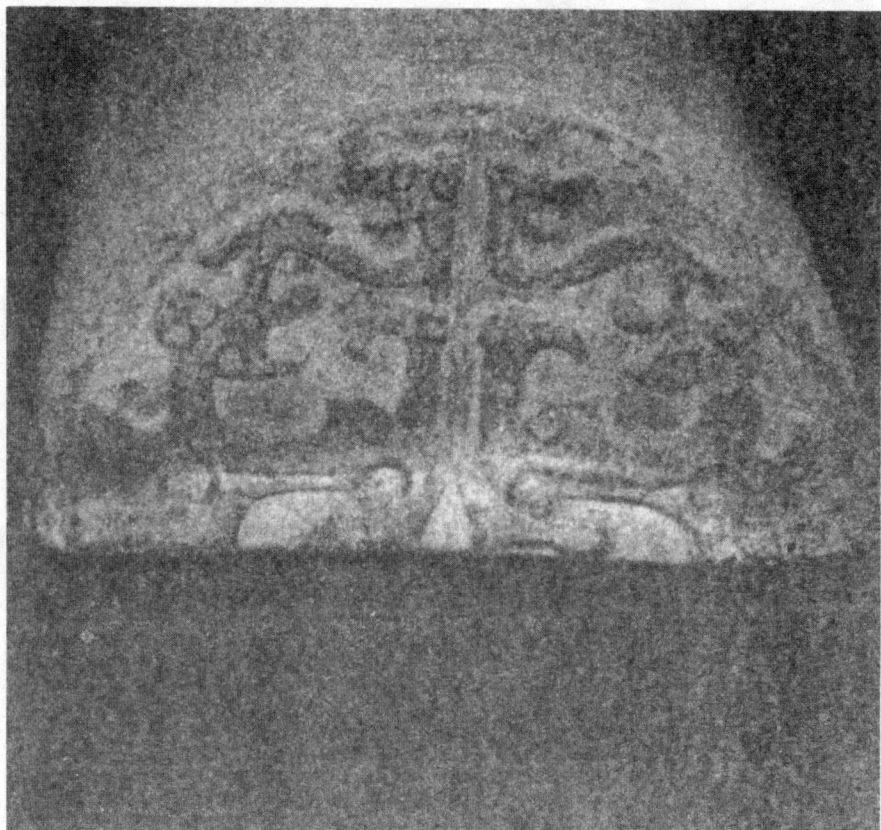

四虎半瓦当

线美以外，同时使纹样间的空隙部位形成美丽多样的空间。这种纹饰完全承袭商周青铜器纹饰的传统作风。整个图案给人以美的享受，是我国古代陶雕中出类拔萃的作品。

辽宁省绥中县石碑地南接山海关，是秦始皇东巡时的行宫所在地。出土于石碑地遗址的大瓦当，当面直径54厘米，高44厘米，厚2.5厘米，瓦身长78厘米。泥质灰陶，模制。当面作大半圆形，边轮出凸。当面饰高浮雕夔纹，夔龙已简化，蜷曲盘绕，两相对称，状如山峦。筒瓦顶面拍印细绳纹，内面无纹饰。这块夔纹大瓦当是秦始皇宫殿特用的建筑构件，现藏于辽宁省文物考古研究所。

秦始皇好大喜功，修建了许多离宫别馆，有"关内三百，关外四百"之说。著名的阿房宫和咸阳宫代表了秦代建筑的最高水平，规模宏大，雄伟壮观。作为秦始皇自己未来居住的陵园，其建筑当然不可能逊于生前居住的宫殿。"夔纹瓦当王"的发现即是实证。

瓦当在古代建筑中是非常重要的建筑构件，是和整个建筑成正比的，由瓦当之大便可以推知秦始皇陵的建筑之大了。

（三）圆瓦当：

分素面、图像、文字三类。

1. 素面瓦当：素面圆瓦当多见于战国早期以前的秦国，以后已极少使用了。

2. 图像瓦当：瓦当纹饰有动物纹、植物纹和云纹三种。动物纹早期为单一动物，如奔鹿、立鸟、獾、豹等。中期为对称的扇面状图案，每个扇面有双鹿、对鸟和昆虫等。植物纹有树叶、葵瓣、莲瓣等，有的外圈饰有六个卷曲纹，有的内圈缩小，

虎纹瓦当

饰花蒂纹，外圈用尖叶纹和卷云纹相间组成变形葵纹。秦统一前后的瓦当，主要饰以云纹，在边轮范围内以弦纹隔成两圈，以直线将内外圆面分为四个扇面，填以云纹，内圈饰以方格纹、网纹、点纹、四叶纹和树叶纹等：

（1）单体动物纹瓦当：主要流行于战国前期秦都城——雍城遗址。一般边轮较窄且不甚规整，当面没有弦纹，瓦呈青灰色，十分坚硬，瓦筒拍细绳纹。动物纹样包括鹿、虎、獾、蟾蜍、豹、夔凤等。插图依次为战国早期秦"獾纹"瓦当、战国早期秦"夔凤纹"瓦当和战国早期秦"凤鸟纹"瓦当。

凤鸟纹瓦当

凤鸟纹瓦当数量较多，种类丰富，目前发现的有六种之多，形态有相同之处，基本为曲颈，长喙、长冠、长尾分叉且上翘，长翅振起呈奔走或飞翔状，动感强烈。但他们又不完全相同，在身体的肥瘦，冠、尾、翅的艺术表现手法等方面表现出一定差异。当面均为圆形，直径在14至15厘米之间，边轮不很规整，多出自豆腐村制陶作坊遗址和凤尾村遗址。

（2）以一种动物纹为主，辅以其他动物或植物纹。

如"虎燕纹"瓦当表现虎、燕相逐的场面，再现了猛虎快速奔跑时突然回

虎食雁纹瓦当

秦瓦当

首的瞬间，虎口圆张，眼见一心追逐它戏耍的飞燕即要丧生虎口。虎威猛狰狞，燕轻捷灵敏，大小形成鲜明的对比。虎爪的锋利，虎头及脚部肌肉的发达，透露着森林之王的威势与敏捷。相形之下，飞燕的轻盈又显得那样无助，饿虎扑食的紧张气氛被渲染得让人透不过气来。

又如"猎人斗兽纹"瓦当，画面中有一只怪兽，近似龙，头部有双角，后爪腾空跃起。原本庞大威猛的怪兽似在哀叫，小小的猎人自信地手持长矛直刺怪兽的心脏，场面惊险，形象简练，怪兽的庞大与人物的弱小形成强烈的对比，表现了游猎出身的秦人无往不胜的英雄气概和秦人对自然的征服力。

(3) 多个同种动物纹构成的瓦当：如双獾瓦当、四鹿瓦当等。"双獾纹"瓦当：当面圆形，面上饰有两只獾纹，交颈站立，尾巴卷起，嘴巴大张，利爪很有力感。双獾交颈，嬉戏欢鸣，体现了同类动物之间的亲情或友情。当面直径 14.6 厘米，边轮宽 0.6 至 1 厘米。凤翔豆腐村制陶作坊遗址出土。

秦代以动物画像瓦当为多，如鹿纹、四兽、夔凤、豹、鱼等。这些瓦当的内容反映了秦人祈福求祥的心理，以谐音的手

子母鹿瓦当

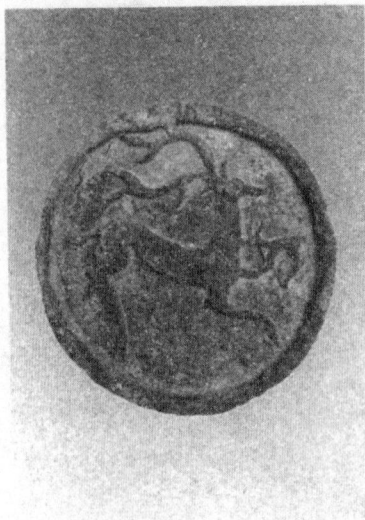

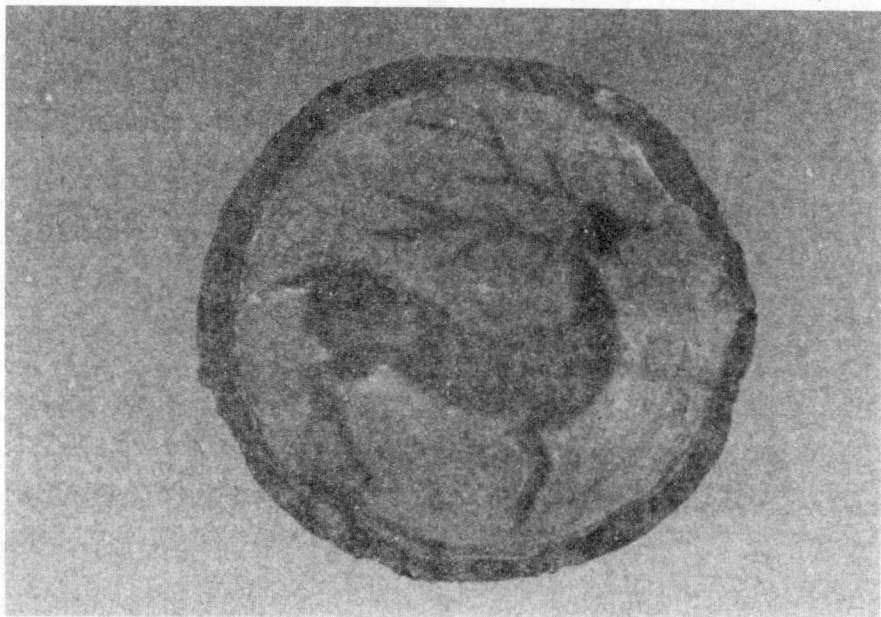

站鹿纹瓦当

法寓意吉祥，如獾寓"欢"意，鹿寓"禄"意，鱼寓"余"意等，这为后代吉祥图案的流行开了先河。

上述秦动物纹瓦当，当面均无界格。秦中晚期后的瓦当渐渐分区了。秦都咸阳、临潼芷阳等遗址曾出土这类瓦当，如秦咸阳宫殿遗址出土的鹿、雁等四种八只动物组成的瓦当。

（4）植物纹瓦当：当面饰花叶纹，以秦故都雍城和西安三桥阿房宫遗址出土的莲花纹瓦当最著名。阿房宫出土的莲花纹瓦当直径16.2厘米，莲花蓬勃绽放，生机一片，筒瓦上印有"左宫"二字。左宫是"左宫水"的省文，宫水

树木云卷纹瓦当

是秦时中央督烧砖瓦的一个专门机构。瓦当上印上这一文字，说明此瓦为左宫水主持烧制，以示负责。宫字类砖瓦陶文大量见于秦始皇陵和阿房宫遗址，而有印章的瓦当比较少，这是秦瓦当的一种特色。

植物纹瓦当的出现略晚于动物纹瓦当，约出现于战国中晚期，主要有花叶纹，在秦故都雍城、芷阳、咸阳等遗址均有出土。凤翔豆腐村遗址出土的莲花纹瓦当，其中心圆四周有五朵花瓣，在花瓣的空间各有一只三角形的装饰物，构图丰满华美。西安洪庆堡出土的四叶纹瓦当，其画面为四界格分区，每区有一只向外伸展的叶子，叶脉清晰。临潼芷阳遗址出土的花苞纹瓦当，双栏十字分区，每区有伸展的花朵，含苞待放，简洁明快。这与战国时期的四叶纹铜镜相似，是六国装饰图案相互影响的明证。

葵纹图案瓦当装饰性强，品种繁多，成为秦瓦当的大宗。战国初期，葵纹瓦当出现并很快流行起来。在雍城、栎阳、成阳等地都有大量的出土，成为关中地区最具特色的图案瓦当。

关于葵纹瓦当的源头，说法不一。传统的观点认为源于葵花，还有人认为是植物叶尖和动物尾部的结合体，也有人认为是从辐射纹、旋云纹演变来的。葵纹图案像水涡，可能象征流水。秦人以水纹装饰瓦当应与"秦人主水德"有关。有人根据辐射纹极像太阳的光芒，秦"双凤朝阳纹"瓦当中的太阳酷似葵纹图案，认为葵纹应与太阳和火有关。

上述说法均有一定道理。装饰图案是通过对自然界的观察模拟，间接地折射人们的思想意识，成为一种有意义的形式，其最终目的是为了美化建筑，反映人们的心理需求。

葵纹瓦当主要出土于雍城、栎阳、咸阳等地。早期饰以辐射纹，并在辐射纹周围加以卷曲的水波纹或"S"纹，以单线

秦葵纹瓦当

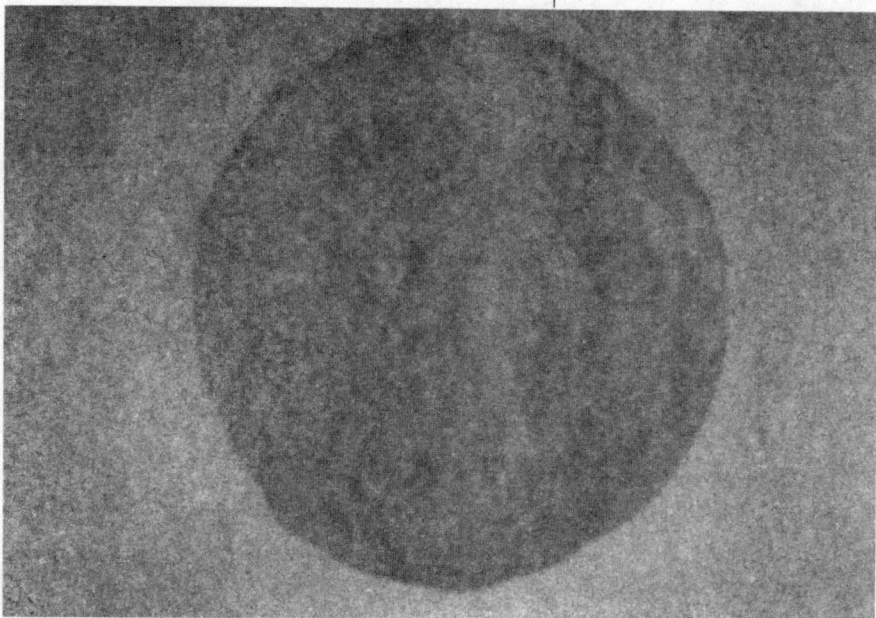

莲花纹瓦当

为主。中期发展为双线，葵瓣较为粗壮，中心圆和外周的区别较大，中心圆像绳纹，葵瓣的弯曲度较大，葵瓣切入中心圆，浑然一体。这些葵纹瓦当华丽美观，富有韵律感。后期逐渐向云纹瓦当过渡，西汉初年被云纹取代。

植物纹瓦当中要数莲花纹最为典型，其他多为变形或零星花瓣、茎叶与云纹、葵纹相组合。

秦代植物纹瓦当于 1974 年和 1975 年在陕西咸阳秦都一号宫殿遗址出土，一般直径为 16.3 厘米至 19 厘米，边轮宽 1 厘米左右。秦代植物纹瓦当分两种：一为莲瓣纹瓦当，圆形，中间为单一莲瓣形，与

凤翔出土的叶纹瓦当相似；二为葵纹瓦当，纹饰有四种：第一种在圈带内外三条用反向连弧线组成辐射状葵花形，成为一个整体图案；第二种在外圆圈带周围饰有六个卷曲纹样，似葵花；第三种为变形葵纹，中央圆圈变小，内饰花蒂，外圆圈由四个尖叶形体和四个卷云纹相间组成葵花；第四种似变形葵纹，又似变形云纹。

（5）云纹瓦当：样式极为丰富，变化多种多样，秦故都雍城、栎阳和秦都咸阳三处遗址出土最多。如战国晚期的秦"云纹瓦当""羊角形云纹瓦当"和"蘑菇形云纹瓦当"。

云网纹瓦当

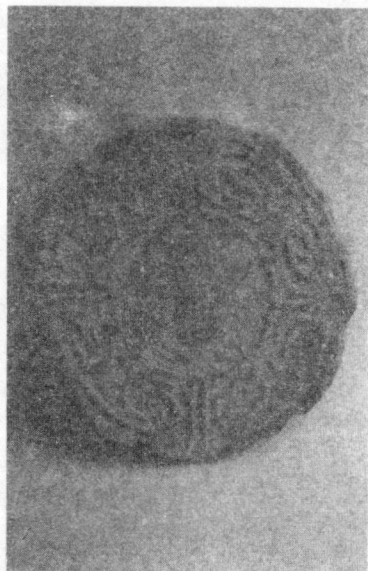

秦瓦当
065

战国晚期秦蘑菇形云纹瓦当

云纹瓦当是秦图案瓦当的主题，是从战国以来的葵纹演化而来的。我们可以从众多的战国至秦的葵纹瓦当中看到这一演变过程：葵纹逐渐演化为羊角形云纹、蘑菇形云纹，最终发展成云朵纹。瓦当纹饰同其他装饰艺术一样，由繁到简，从写实到写意，由具体到抽象。云纹在其发展演变过程中吸取了自然界的云朵、花枝、羊角、蘑菇等因素，逐渐形成了较为抽象的卷云纹图案。云纹图案一般当心有圆突、网格、十字、四叶等，当面有四个分区。云朵有单线、双线两种。形状有羊角形、蘑菇形、几何形、卷云形。构图采取中心辐射、等量对称、四周均衡的原则。舒展流畅，华丽美观，富于变化。由于云纹具有光亮、明快的特点，像一朵朵缭绕的祥云飘在房檐上，更衬托出宫殿高耸入云的非凡气势。

秦汉时期人们渴望求仙升天，祥云缭绕于建筑之上，使人有登上瑶台为仙，步入琼阁成神之感，因此云纹成为秦瓦当装饰的主流图案。

秦云纹瓦当以蘑菇形云纹最为流行，秦咸阳宫一号宫殿遗址出土的瓦当以蘑菇形云纹居多，羊角形云纹次之。

从此，瓦当纹饰分四区排列的模式渐渐固定下来。

如果说西汉图案瓦当过于成熟，每令

战国晚期秦羊角形云纹瓦当

燕国宫殿用瓦十分气派

人有单调之感,而秦图案瓦当则变化自如,明显透露出一股朝气。

(四)文字瓦当:

瓦当上多有纹饰和文字,不但能保护屋檐,防止风雨侵蚀,它还是一种艺术品,富有装饰效果,使建筑物更加绚丽多姿。

在考古界,秦文字瓦当还是秦宫殿与建筑物的标识。

出土的秦文字瓦当内容以宫殿和建筑物名称为主,也有地名、市署、记事和吉语。

属于宫殿和建筑物名称的秦文字瓦当有"蕲年宫当""橐泉宫当""来谷宫

当""来谷""竹泉宫当""年宫""兰池宫当""楚""卫"等。

反映地名的瓦当有"商"等。

记事瓦当有"卫屯"等。

市署瓦当有"华市"等。

吉语瓦当有"维天降灵延元万年天下康宁""永受嘉福""延年""羽阳千岁""日月山川利"等。

其他瓦当有"佐弋"等。

"蕲年宫当"：发现于雍城西南三十余里的凤翔县长青乡堡子壕遗址。蕲年宫又叫祈年观，初建于秦惠公时期，为祭祀后稷、祈求丰年而建。蕲年宫是秦代著名宫殿，秦始皇曾在此宫举行过加冕礼。

1982年，"蕲年宫当"出土了，根据文献记载和"蕲年宫当"出土的地层情况，考古工作者认定这里就是秦蕲年宫的所在地。

1986年经国家文物局批准，陕西省考古研究所再次对堡子壕遗址进行了科学试掘，结果在秦代文化层和战国秦文化层中共出土"蕲年宫当"十六块。瓦当均呈深灰色，当面模制，较平整，边轮较窄，所附筒瓦内饰布纹，外饰绳纹，瓦径大致相同，约16厘米多，当心为圆乳钉纹，乳钉外用双十字线分区，"蕲

秦记事瓦当

秦瓦当
069

尧舜禹汤瓦当

年宫当"四字均匀分布于四个扇面中。其中"蕲年"二字位于当面右侧，"当宫"二字位于当面左侧。外径17.8公分、厚3.4公分。

与"蕲年宫当"同时出土的还有一批制法基本相同的"橐泉宫当""来谷宫当"和"竹泉宫当"。

"来谷宫当"：字体清晰规整，已发现有二式。Ⅰ式：当面径约16.4厘米，当心为圆乳钉纹，乳钉外用双线作十字分区。"来谷宫当"四字从右向左均匀分布于四个扇面中，当面右边为"来谷"二字，左边为"宫当"二字，字体端庄，线条舒展；Ⅱ式：当面径16厘米，泥质灰陶，当背凹凸不平，当心为一乳钉纹，乳钉外用十字双线把当面平分为四个扇面，"来谷宫当"四个篆体字均匀分布于四个扇面之中，字体隽秀。与Ⅰ式不同的是，当面四字从左向右竖着读，左边为"来谷"二字、右边为"宫当"二字。谷是农作物的总称，来谷是祈求丰年之意。

"竹泉宫当"：当径16.4厘米，当心为圆乳钉纹，乳钉纹外用双十字线分区。"竹泉宫当"四字为小篆体，均匀分布于四个扇面中。

"年宫"瓦当：中心为乳钉纹，其外有一圆圈，圈外以十字双线将当面等分为四个扇面，三个扇面内各饰有羊角似的卷云纹，一个扇面内为阳纹"年宫"二字。

"兰池宫当"：为阳文小篆，合成圆形，字体古朴美观。兰池宫是秦代著名宫殿，秦始皇常游兰池，有时夜宿兰池宫。兰池宫是一座供游兰池时休息的离宫，因建在兰池之滨而得名。兰池是一个人工湖，湖面可以荡舟，又配有蓬莱山、鲸鱼石等景观。

"卫"字瓦当：当面仅一繁体"卫"字，出土于阿房宫东北地下。秦始皇每灭

西汉"千秋"瓦当

掉一个诸侯国，总要仿建其宫室，"卫"字瓦当是秦始皇命人为仿建的卫国宫室烧制的。"楚"字瓦当则是为仿建的楚国宫室烧制的。

"卫屯"瓦当：是为宫门外卫屯兵居住的周庐烧制的。

"日月山川利"瓦当：面径14厘米，当心饰一"米"字纹，其外为环纹，环纹外饰水轮纹。"日月山川利"五字隐现于水轮纹之间，五字由左下方开始按顺时针方向排列，是将文字与动物纹、云纹等图案组合在一起的瓦当，既填补了文字周围的空间，又使画面显得充实和谐，生动活泼，增强了装饰性。

"延年"瓦当：一只鸿雁双翅展开，首尾两翼展作十字形，颈部伸得又长又直，是鸿雁高飞时的典型动作，"延年"二字刻在双翅之上，似被鸿雁托起，画面显得均衡美观。这是祭祀日月山川的神殿所使用的瓦当。

"与天无极"瓦当：当面作"与天无极"四字，阳文小篆，四字合成圆形，甚为美观。

"永受嘉福"瓦当：由"永受嘉福"四字合成圆形，系鸟虫书体。

"维天降灵延元万年天下康宁"瓦当：为十二字瓦当，秦阿房宫遗址内出土，是

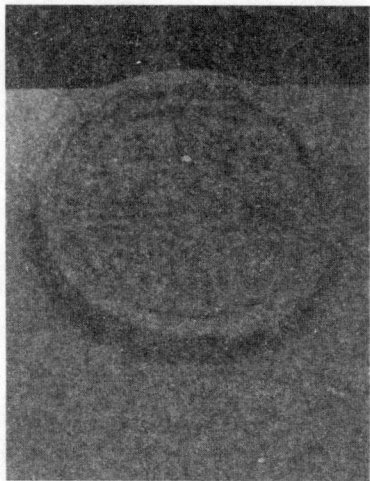

"与天无极"瓦当

秦始皇统一中国时期的产物。字体是标准小篆，笔法圆浑古妙，面径16.4厘米。瓦文三行，每行四字，行间饰有十个小圆形乳钉纹，四边有蔓草图案。瓦当文字内容为吉祥语，赞颂秦始皇的统一大业，宣扬王权统治和宗教迷信思想。

"商"字半瓦当：1980年陕西丹凤县商邑遗址出土一块，1996年在原址附近又出土一块。瓦当为半圆形，高8.2厘米，当面充满一模印的"商"字，书体为小篆，笔画比较细瘦，转折生硬。秦孝公二十二年（前340年），卫鞅率军进攻魏国，俘获魏国公子魏昂，因功被封为列侯，号商君。卫鞅从此称商鞅。商邑遗址是卫

西汉"仁义自称"瓦当

鞅被封为商君时所建，在今丹凤县城西 2.5
公里的古城村。

"华市"瓦当：圆形，瓦色青灰，当
背不平，有明显的切痕，涂朱红色，当面
直径为 13.5 厘米，中心有一圆乳钉纹，
外饰弦纹，乳钉外和弦纹间上下排列"华
市"二字。字两侧各饰一单线卷云纹，当
左侧填一鸟树纹，右为一卷云纹。华市为
秦故都雍城市署之名。

"佐弋"瓦当：秦时少府有佐弋，掌
管弋射。

文字瓦当是瓦当艺术中的一支奇葩。
关于文字瓦当的起源，史学家说法不一，
有人认为文字瓦当始于西汉，有人认为文

东汉宗舍瓦当瓦当

秦瓦当
075

秦文字瓦当

字瓦当始于秦代，有人认为文字瓦当源于战国。

为了破解文字瓦当起源之谜，1996年，陕西省考古研究所雍城考古队在凤翔县长青乡孙家南头堡子壕遗址进行了科学试掘，先后在秦代文化层和战国时期秦国文化层中分别发现了一批文字瓦当。

这批文字瓦当均为秦文字瓦当，考古工作者从而确定秦文字瓦当源于战国时代，这一论断已被公认是科学可信的。

春秋战国至秦代是文字瓦当的萌芽期，到了汉代，终于步入巅峰，可谓百花齐放，争奇斗妍，琳琅满目，绚丽多姿。

五　汉砖

汉代车马画像砖

由于年代久远，秦砖已经极为难得，而汉砖则相对容易得到一些。从出土的文物可以看出，秦汉制砖工艺已相当成熟。

中国古建筑已有几千年的历史，而砖在建筑上的使用对建筑的发展有着重大的影响。由于经过烧制的砖具有强度高、耐磨、耐水浸等特性，因此开始时它多用于中国古代建筑中的防水部位及易于磨损的部位。到了汉代，砖不但在建筑上被使用，在地下墓葬中也广泛使用了。

由于砖本身的装饰性和艺术性逐渐增强，汉代画像砖的装饰技艺已经达到了极高的水平。

汉砖除素面砖之外，尚有画像砖、花纹砖、文字砖。

（一）画像砖：

画像砖是一种表面有模印、彩绘或雕刻图像的建筑用砖，形制多样，图案精彩，主题丰富，深刻反映了汉代的社会风情，是中国美术发展史上的一座里程碑。这些砖上绘有楼阁、桥梁、车骑、仪仗、乐舞、百戏、祥瑞、异兽、神话、故事、奇花、异草等，内容丰富，画技古朴，成为研究我国汉代政治、经济、文化、民俗的宝贵文物。

画像砖始于战国，盛于两汉，被誉为"敦煌前的敦煌"。

汉代记事画像砖

汉画像砖是中华民族几千年灿烂文化的深厚积淀，再现了中华民族的勤劳勇敢、睿智善良、热情奔放、积极进取、热爱生活、珍惜生命、知书达理及追求理想的优秀品质。画像栩栩如生，活灵活现，富于动感，展示了汉文化的厚重和博大精深，在中国传统文化中具有独特的历史地位。

画像砖题材丰富：

1. 神话题材：如"汉代西王母画像砖"。

"汉代西王母画像砖"：图正中西王母坐在龙虎座上，右为玉兔捣药，左有一女子梳双髻，手持灵芝，为求药者。此图反映了汉代人乞求长生不老的

汉代西王母画像砖

思想。

　　又如"伏羲女娲画像砖"。河南郏县出土的"伏羲女娲画像砖"描绘了兄妹成婚繁衍人类的故事，为我们展示了一个极其丰富饱满又充满生命力的世界。图案工艺制作异常精美，是美学通过想象的演绎。

　　"伏羲女娲画像砖"：长39厘米，宽19厘米，厚4厘米，砖面涂有护胎粉，属高浮雕工艺。伏羲女娲是一个流传极广的神话故事，汉画专家王锦生说："伏羲女娲人首蛇躯，有阴阳谐和之意，在伏羲女娲二祖众多德政中，因有始配夫妇之举，亦可视为家庭的保护神。这在各

伏羲女娲画像砖

地出土的汉代画像砖、画像石、画像石棺上得到证实。"

图中伏羲女娲身后有长翅，无脚，手中分持叉和旗。整幅画面除伏羲女娲外，还有五个羽人，伏羲女娲居中偏左，两尾相交，戴葵花帽者为女娲。左边有两个羽人，穿折裙，腿部已化成蛇尾状，向内卷曲成云纹符号，面向伏羲女娲。右侧有三个羽人，面向伏羲女娲的羽人有双尾，并有铠状纹饰。其中一羽人为媒人，为伏羲女娲作媒。右上方的羽人呈飞翔状，身下有祥云数朵，向伏羲女娲飞来。右下方有一小羽人，脚踏祥云向右侧飞去，是伏羲女娲刚刚生下的孩子。

整幅画面采用散点透视，主客搭配，张弛有度。飞扬流动的画面充满了蓬勃旺盛的生命力和对美好生活的向往和追求，令人浮想联翩。充分体现了汉人对现实生活的爱恋。"伏羲女娲画像砖"属高浮雕工艺，区别于其他汉砖的浅浮雕和平雕，是中国历史上不可多得的瑰宝。

2. 现实题材：反映农业、副业、手工业和商业的，如以播种、收割、舂米、桑园、酿酒、盐井、采莲、市井等为主题的画像砖。内容丰富，题材广泛，颇具研究价值，如汉代成都扬子山出土的"弋射

收获画像砖"。

"弋射收获画像砖"是一件杰作，在一块砖面上分上下两个画面，上面描绘的是池边弋射，下面则是田间收获。

"弋射图"图中池塘水波涟涟，群鱼游动，莲蓬挺立水面，丰姿绰约。一群水鸭仓皇飞散，惊慌失措。池畔两位猎人侧身跪地，引弦搭丸，冲天而射，身姿健美。

"收获图"，图中有农夫正在挥镰收割。其中左侧的一组三人弯腰小心翼翼地割稻穗，右侧一组二人高高地举起镰刀砍稻茎，最左侧一人荷担而立，似向田间送饭者，这是辛勤劳动生活的真实写照。也有表现墓主享乐生活的，诸如宴饮、庭院、

汉代乞贷画像砖

庖厨、乐舞、百戏、车马、出行等，从一定角度反映了民俗风情等情况，如"丸剑起舞图"。

"丸剑起舞图"是汉代画像砖中的珍品，四川成都扬子山二号墓出土，长46.4厘米，高40厘米，厚5.3厘米。画面偏左有大小二鼎，杯盘已撤，宴罢开始歌舞。右上方一人耍弄弹丸，七弹齐飞；一人舞剑，并用肘耍弄瓶子。右下方一高髻细腰伎女高扬长袖而舞，一人摇鼗鼓伴舞。左下方二人共坐一席，同吹排箫。左上方席上一男子向前伸展长袖，势欲起舞；一高髻女子正在吹排箫伴奏。构图紧凑，气氛热烈，形象生动，线条流畅，刻划极为成功。

3. 动物题材：如以龙、牛、虎、马、鹿、鱼、象等为题材的画像砖。

插图为"龙纹画像砖"，画面上以龙纹为主，线条流畅，气势磅礴，极富动感，是研究汉代绘画难得的实物资料，而且从图案中可以看出，早在汉代时，作为我们中华民族象征的龙，其形象已十分丰满，开始腾飞了。

（二）花纹砖

有植物纹、云纹、火焰纹、宝相花纹、几何纹等，纹饰丰富，多种纹样常配合使

汉代讲学画像砖

画像砖

用，具有很高的审美价值。

插图为南充汉墓出土的一千七百多年前的汉砖，长 39 厘米，宽 27 厘米，厚 10.9 厘米，每块汉砖一侧都有精美的几何形图案。

在汉宣帝杜陵遗址出土的砖瓦建筑材料中，有方砖和长条砖，纹饰为几何纹和小方块纹。铺地用的基本上都是方砖，铺在斜坡道上的方砖有的是素面砖，有的带几何花纹。有趣的是有的花纹砖铺在地上时花纹朝下，这样与地面接触可以牢固些。如在杜陵廊道发掘的砖大部分都是花纹朝下，开始时人们都以为是素面砖，揭起来之后才发现都是有花纹的。原来，上坡处都是花纹朝上，人走在上边时摩擦力大，不易滑倒，容易攀登。花纹砖基本上就这两种，汉代的方砖花纹种类比较少，而空心砖的纹样比较多。

（三）文字砖

砖上有纪年、吉文、名号，其文字有篆、隶、楷等多种形式。

汉砖砚

汉砖

2008年3月，内蒙古文物考古人员在和林格尔县新店子村发掘出6座汉墓，在其中1座墓地内发现一块刻有"宜子孙、富番昌、乐未央"9个字的文字砖，约24厘米见方。

"汉十二字方砖"，出土于西安，上面的铭文是"延年益寿，与天相侍，日月同光"。

总之，画像砖是研究中国文化艺术、生产科技、民俗风情的重要文物资料，极具研究价值，是极为重要的艺术瑰宝。

画像砖的形制有两种，一种是40厘米见方，一种是长45厘米左右、宽25厘米左右的长方形。

西汉十二字文字瓦当"维天降灵，延元万年，天下康宁"

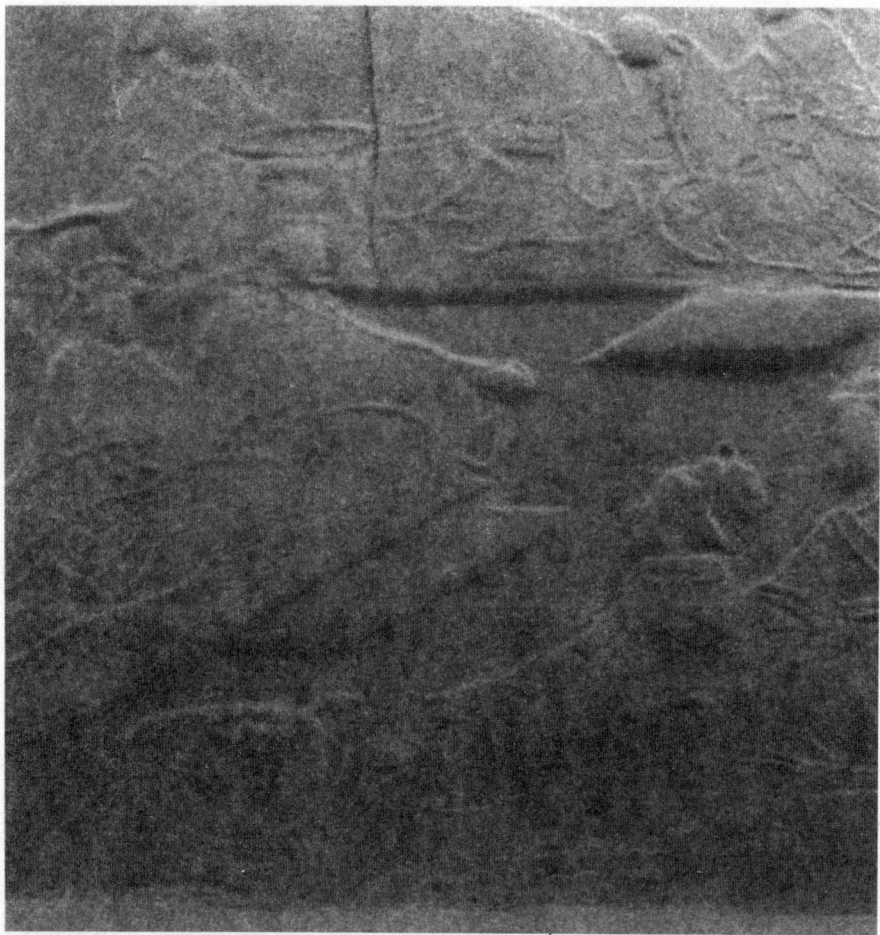

汉代宴饮画像砖

画像砖盛行于两汉，多用于墓室中，有的则用于宫室建筑上。画像砖主要用木模压印，然后烧制而成，也有用手工在砖上刻出纹饰的。画面的表现形式有浅浮雕、阴刻线条和凸刻线条。有的上面还有红、绿、白等颜色。多数画像砖为一砖一个画面，也有上下两个画面的。画面内容非常丰富，不仅是美术作品，也是记录当时生产、生活的实物资料。

下面再介绍两块在历史上极为有名的画像砖：

"盐井画像砖"：纵 36.5 厘米，横 46.8 厘米，四川花牌坊出土。表现的是汉代四川井盐生产的汲卤熬制过程。画面上的盐井设有提取盐卤的滑车，盐卤正通过架设的竹枧缓缓地流向燃火的铁锅。"盐井画像砖"是研究我国古代盐业最难得的实物资料。

"西汉成都文翁石室授经讲学图画像砖"：生动地塑造了讲授儒经时的情景，图中左边形象较大者为老师，其余

汉代宴饮画像砖

为弟子。教师循循善诱，弟子毕恭毕敬。此图歌颂了汉代关心百姓，兴办教育的清官文翁。

　　文翁是安徽庐江舒县枫香树村人，自幼好学，通晓《春秋》。汉景帝后期，文翁出任蜀郡太守，兴修水利，发展农业，使蜀郡出现了物阜民殷的局面。他见蜀郡地处边陲，民风野蛮，文化落后，便大力兴办教育。经过多年努力，蜀地民风大变，到京城求学的人和齐鲁一样多，也成了礼仪之邦。汉武帝命令全国各郡县向文翁学习，都设立学宫。文翁逝世后，官民为他修建祠堂，每年祭祀不断。现在，在他的家乡，人们为了纪念他，已

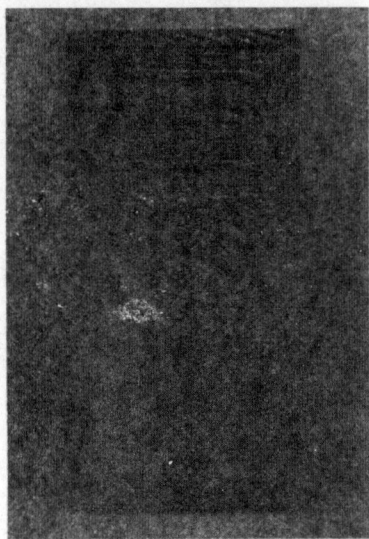
西汉印纹画像空心砖

将坐落在枫香树村的文冲小学改名为文翁小学，将原来的枫香树中学改名为文翁中学。

东汉时期，基于对于孝的重视，厚葬成风，人们纷纷为逝者建造奢华的画像砖墓。汉代墓砖的形状有以下几种：

1. 条形砖：即人们通常见到的长方体砖。

2. 楔形砖：两侧厚度不等的砖，两正面为长方形，两侧面为等长不等宽的长方形，两端面为等腰梯形。因端面形状如木楔，故名。

3. 梯形砖：两侧长度不同的砖，两正面呈等腰梯形，两侧面一长一短，两端面相等。

4. 方形砖：两正面为正方形，其余四面都是相同的长方形。

5. 盒子砖：剖面为工字形，是一种形状特殊的小型空心砖，长 26 厘米，宽 13 厘米，厚 11 厘米。

6. 榫卯砖：砖的两端不是平面，而是分别有一个凸起和凹陷的部分（即榫和卯），使用时一砖的榫套另一砖的卯，彼此相互搭合，以免坍塌。采用榫卯结构的砖有条形砖、楔形砖和梯形砖数种。

7. 双体砖：正面不平，顺长有一条

汉代马车画像砖

中线，砖体沿中线分为相连的两半，一半高，一半低，高度差为1至2厘米。这种砖在使用时必须同向，彼此承托。

汉画像砖种类繁多，反映了劳动人民的聪明睿智和制砖工艺的高超水平。

六 汉瓦当

汉代瓦当

西汉自文景之治后，商业走向繁荣，经济得到了极大的复苏，建筑方面也取得了长足的发展。

西汉宫廷楼台殿阁继承周秦遗风，气势宏伟雄壮，如长乐宫、未央宫、明光宫以及上林苑，富丽豪华，规模宏大。这就为瓦当艺术在汉代大放异彩奠定了发展基础。

意义深远、造型精巧的瓦当显示了皇家的威严，构成了独具汉代特色的建筑风格。

瓦当一方面是建筑实用品，同时又是一种装饰工艺品。汉代瓦当题材十分丰富，人文与自然并存，神话与现实并存，抽象与写实并存，造型优美，结构多变，体现了汉人杰出的艺术构思与美术技巧。

汉代瓦当有称当的，有称瓦的，有称甍的，也有称箭的，如"京师庾当""都司空瓦""长水屯瓦""长陵东甍""庶氏冢箭"等。

汉代瓦当是在秦代瓦当的基础上发展起来的，青出于蓝而胜于蓝。与秦代瓦当相比，汉代瓦当不仅数量多，而且种类更加丰富，制作日趋规整，图案多姿多彩。

汉代瓦当

文字瓦当的大量出现不仅完善了瓦当艺术，同时也开辟了一个全新的艺术领域，反映了汉代社会经济状况和思想意识形态。

汉代瓦当数量多，质量精，时代特征鲜明，文化内涵丰富，把中国古代瓦当艺术推向了最高峰，为我们现代美术发展提供了素材和借鉴。

汉代瓦当继承了秦代及先秦的瓦当，形制有半圆形和圆形两种。半圆形瓦当流行于汉初，圆瓦当在汉初时与秦代瓦当风格近似，汉武帝以后有了自己明显的特色。

西汉素面瓦当较少，多为纹饰瓦当和文字瓦当，饰纹瓦当又可分为图像瓦当和

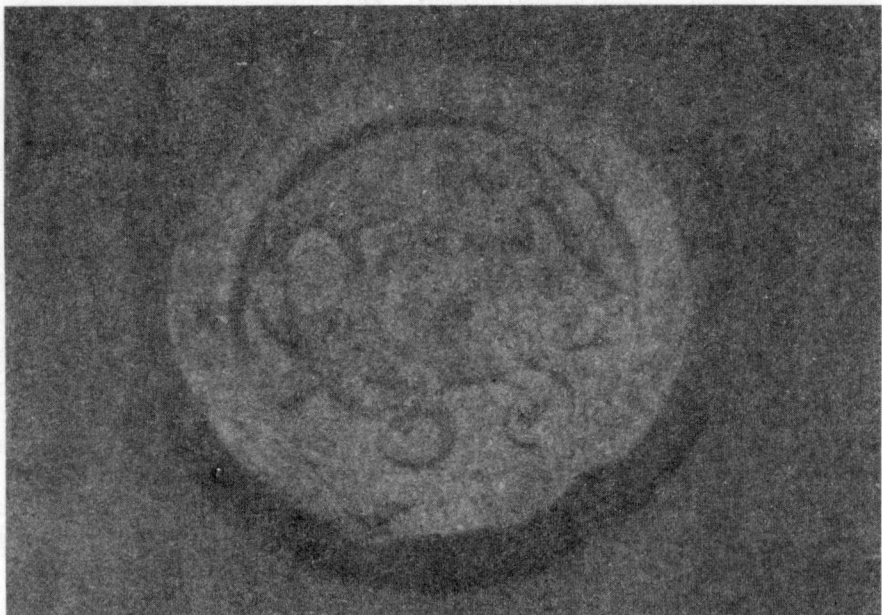

汉代瓦当纹饰更加丰富

图案瓦当两类。图像种类极多，有麟凤、狻猊、飞鸿、双鱼、玉兔、蟾蜍等数十种，构图巧妙，独具匠心。与秦图像瓦当取材于现实生活不同，汉代瓦当图像多取材于现实而又经过了高度艺术的夸张，有超脱现实生活的珍禽异兽，想象丰富，构思奇巧，线条细腻而不繁琐，极富浪漫主义色彩。

关于瓦当纹饰的区分，基本上分为三大类：图像瓦当、图案瓦当和文字瓦当三种。

（一）图像纹瓦当：如"四神瓦当"

汉代动物纹瓦当越来越少，最常见的

是"四神瓦当"，多用于宫殿等建筑，多出土于汉长安城遗址。四神依次为青龙、白虎、朱雀、玄武，是象征东西南北的四种灵兽，是以自然界的动物为原形加以想象而创造出来的。青龙、白虎、朱雀、玄武四神瓦当堪称图像瓦当的代表。四神是古代传说中的四方之神，其中青龙能呼风唤雨，象征东方、左方、春天，为四神之首。白虎象征西方、右方、秋天。朱雀是理想中的吉鸟，象征南方、下方、夏天。玄武是用龟和蛇组合而成的，象征北方、上方、冬天。四神也是四种颜色的象征，即蓝（青）、白、红（朱）、黑（玄）。瓦当四神图案都有一个明显的中心，因其突

汉代四神瓦当之一——白虎

起似乳，圆圆似钉，故称乳钉。它与边栏形成呼应，给人以庄重的美感。围绕这个中心把纹样安排得稳定充盈。四神瓦当十分注意细部的刻画，如龙的鳞甲、朱雀的羽毛、玄武的龟纹等都十分清楚。四神纹瓦当分置于殿阁东、西、南、北四个不同方位上，汉长安城遗址多有出土。青龙纹瓦当直径19厘米左右，当面饰一龙，头有双角，颚下有髯，细颈短足，满身鳞甲，长尾翘起，双翼上扬，十分矫健，为汉宫内东向殿阁所用。白虎纹瓦当直径18厘米左右，当面为一虎纹，体态雄健，巨口大张，引颈翘尾，跃跃欲奔，为汉宫内西向殿阁所用。朱雀纹瓦当直径18厘米左

西汉朱雀"宫"字瓦当

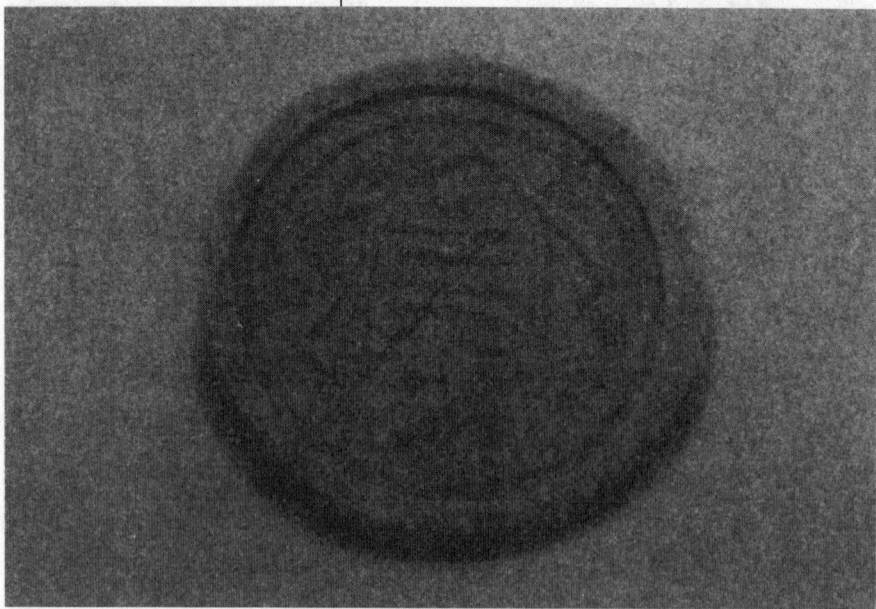

右，当面为一大鸟，凤头、鹰喙、鸾颈、鱼尾，头上有冠，羽毛扬起，振翅欲飞，为汉宫内南向殿阁所用。玄武纹瓦当直径18.5厘米左右，正中一龟一蛇，龟匍匐爬行，蛇卷曲蟠绕于龟体之上，为汉宫内北向殿阁所用。

四神（青龙、白虎、朱雀、玄武）在中国古代分别代表天上东、西、南、北四个方位的星宿，战国时期已经有了关于四神的记载。汉人深信四神与天地万物、阴阳五德关系密切，有护佑四方的神力，因此用其驱邪镇宅，保佑社稷长存，江山永固。四神瓦当有多种样式，雍容典雅，制作精致，艺术水准极高。直到今天，仍被广泛用于装饰图案中，堪称瓦当家族中的瑰宝。

汉代四神瓦当

"龙纹瓦当"：西汉长安城遗址出土。直径19.5厘米，边轮较宽，当面为一盘龙，龙身上有细密的鳞甲。

"蟾蜍玉兔瓦当"：直径18厘米，边轮为齿轮状。当面主纹是蟾蜍和玉兔，蟾蜍圆目鼓腹，有短尾，四肢屈张作跳跃状；玉兔鼓目长耳翘尾，作腾空奔跃状，周围衬以蔓草纹。此图源于民间传说，代表月宫里的蟾蜍、玉兔形象。

"白虎纹"瓦当：身上有明显的白纹。

"豹纹"瓦当：西安北郊徐家湾出土，直径16厘米，边沿略残，豹体随外圆自然回首，呈弓形，张口，身上有圆斑点，显示了豹的特征。

这些图像纹饰运用线与面的有机结合，想象大胆，通过人类的艺术夸张和想象，创作出神话图像，有更高的艺术境界。

（二）图案纹瓦当：

秦云纹瓦当以蘑菇形云纹最流行，秦咸阳宫一号宫殿遗址出土的瓦当以蘑菇形云纹居多，羊角形云纹次之。西汉初年至汉武帝时，仍沿袭秦代的蘑菇纹、羊角纹。汉武帝以后，西汉中晚期至东汉，绝大多数瓦当用的都是云纹。

汉代瓦当风格古拙朴质，但古拙而不呆板，朴质而不简陋，装饰意趣极浓。

云纹瓦当是西汉瓦当中数量最大的一类。当面中心多为圆钮，或饰以三角、菱形、分格形网纹、乳钉纹、叶纹、花瓣纹等。云纹占据当面中央大面积的主要部位，花纹变化复杂多样。

在流行的圆形瓦当上，最常见的装饰纹样是卷云纹。卷云纹瓦当一般在圆当面上作四等分，各饰一卷曲云头纹样。变化较多，有的四面对称，中间以直线

东汉云纹瓦当

相隔，形成曲线和直线的对比；有的作同向旋转形。这样图纹的瓦当富有韵律美感。

"羊角形云纹"瓦当，直径14厘米，边轮残损较多，当面中心为一圆钮，钮外施一周弦纹，外区以四道短线分为四格，以界格线为中轴饰四组对称的羊角形云纹，外区边缘还施一周绳索纹。

图案纹是对现实生活中具体形象的高度提炼和抽象，运用几何线条简略地勾勒，所表现的对象被简化，而线条本身却在不断产生新的内涵。

（三）文字瓦当：

文字瓦当在汉代最具时代特色，占

东汉羊角形云纹瓦当

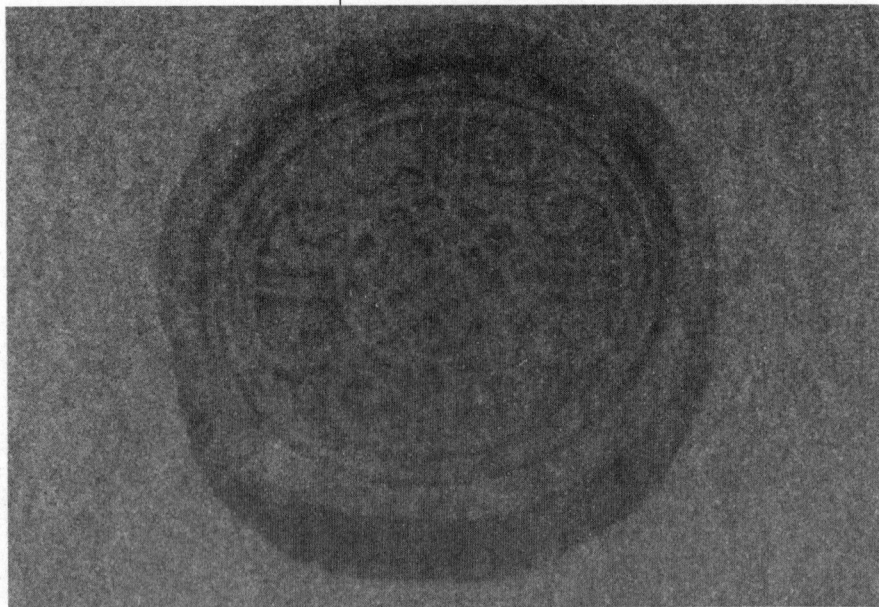

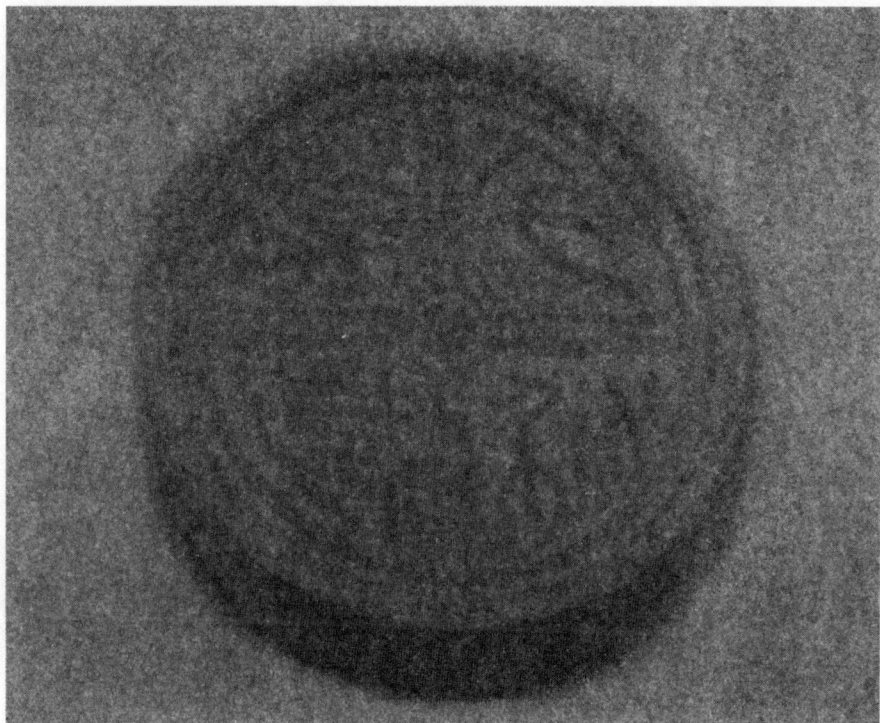

西汉"千秋万岁"瓦当

有突出的地位。文字瓦当据内容可分为宫殿、官署、陵墓、祠堂、记事、吉语、杂类等。

吉语类文字瓦当多为吉祥颂语，种类繁多，内容丰富，用途较为广泛，宫殿、陵墓、官署、仓廪、苑囿均可使用。从文辞内容上分，可归纳为以下几个系列：

1."千秋万岁"系列：有"千秋"、"万岁"、"千秋万世"、"千秋万岁与天无极"、"千秋万岁与地无极"、"千秋万岁"、"千秋利君"、"千岁"、"千秋万世长乐未央"、"万岁富贵"、"千秋长安"、"千秋万岁常与天久长"等。

西汉“长乐未央”瓦当

“千秋万岁”瓦当：残长57厘米，瓦当面径18厘米，汉阳陵南阙门遗址出土，现藏于陕西汉阳陵考古陈列馆。圆瓦当，中心有乳钉纹，四方起双阳线将当面四等分，每格填有一字，为自右向左直读书写。十分巧妙地用文字作装饰，具有图案美。边际有弦纹，瓦当边沿平整宽厚。整体风格自然、安详、质朴。

2.“长乐未央”系列 有“长生未央”“长乐万世”“克乐未央”“万年未央”“安世未央”“富昌未央”“永年未央”等。

“长生未央”瓦当：面径19.2厘米，圆瓦中心有乳钉纹，四方起双阳线将当面四等分，每格填有一字，自右向左直读书

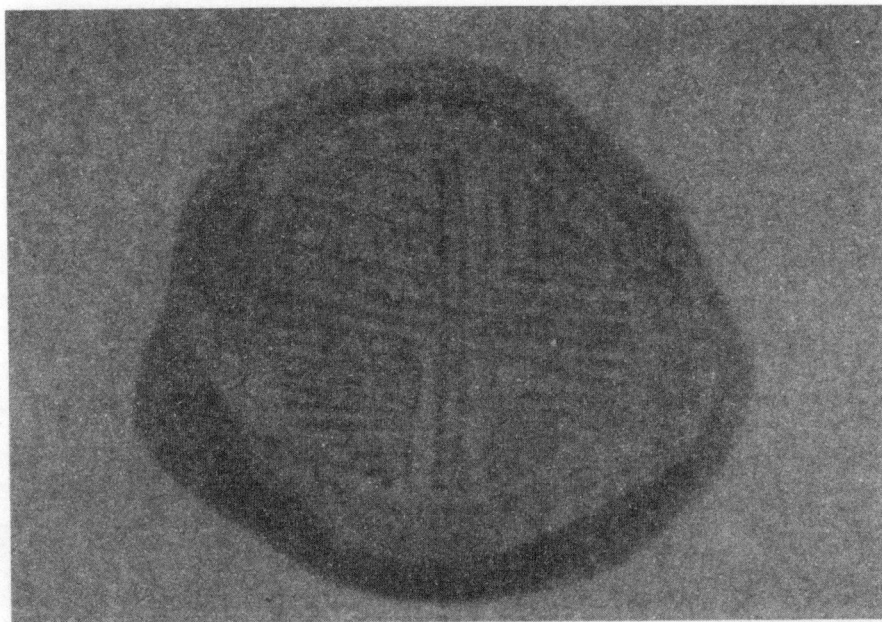

写篆书"长生未央"四字。

3. "延年益寿"系列：有"延寿长相思""延寿万岁""延寿万岁常与天久长""延寿长相思"等。

"延寿万岁常与天久长"瓦当：从右至左依次为二字、四字、三字，布局依字之多少而变化，有活泼生动之美。运用文字线条的依让伸缩，形成一种变化无穷的美的旋律。

4. "长生无极"系列：有"天无极""与天毋极""与华无极""无极""长生乐哉""长生吉利""常生无极"等。

"与天无极"瓦当：寓意吉祥，与天一样万寿无疆。中心有乳钉纹，四方起双

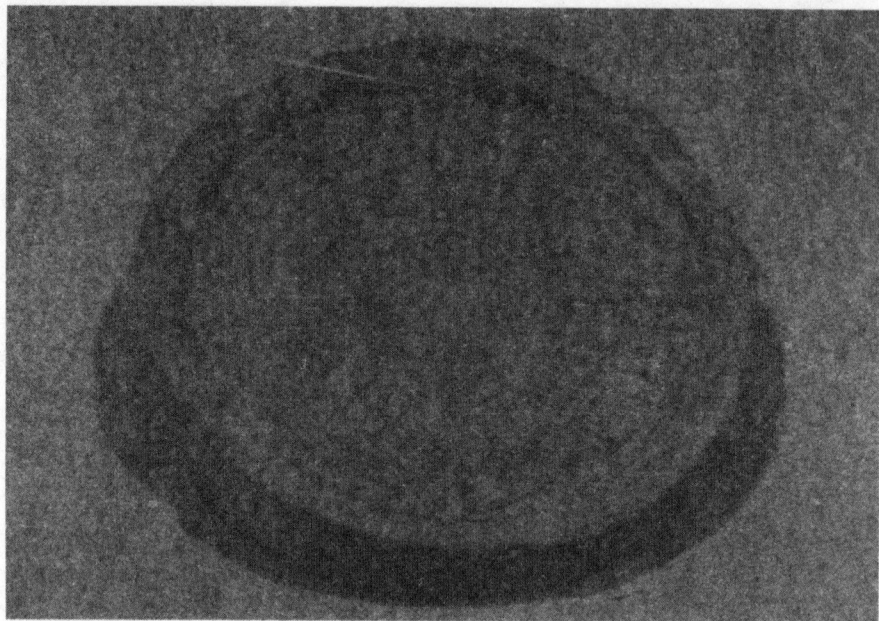

汉代永奉无疆瓦当

阳线将当面四等分，每格填有一字，为自右向左直读，书写篆书"与天无极"四字，字体结构随圆周变化。

5. "富贵"系列：有"富贵宜昌""方春富贵""并是富贵""日乐富昌""大富""千万富贵""高贾富贵"等。

"高贾富贵"瓦当：文字围成一周，不分界格，用云纹隔开。

6. "无疆"系列：有"亿年无疆""永奉无疆"等。

"亿年无疆"瓦当：径长 19 厘米，字体用小篆写成，结构严谨，笔法颇见功力。

其他吉语瓦当多种多样，如"长毋相

忘""大吉日利""宜钱金当"等。这些吉语瓦当文辞优美，言简意赅，充分反映了当时人们对美好生活的向往与追求。

瓦当字数不等：

一字瓦当：瓦当上只有一字，配以纹饰。

"卫"字瓦当：直径15厘米，瓦色青灰，出土于汉长安城遗址。当面为一繁体"卫"字，字外有一周网纹。字体俊秀，竖笔状如悬针，极具观赏价值，是未央宫内卫尉府房上的瓦当。卫尉是汉朝统率卫士守卫宫禁之官，卫尉即卫将军。西汉时护卫宫殿者有郎卫和兵卫之分，光禄勋率郎官为郎卫，卫尉率卫士为兵卫。西汉时卫尉所

"卫"字瓦当

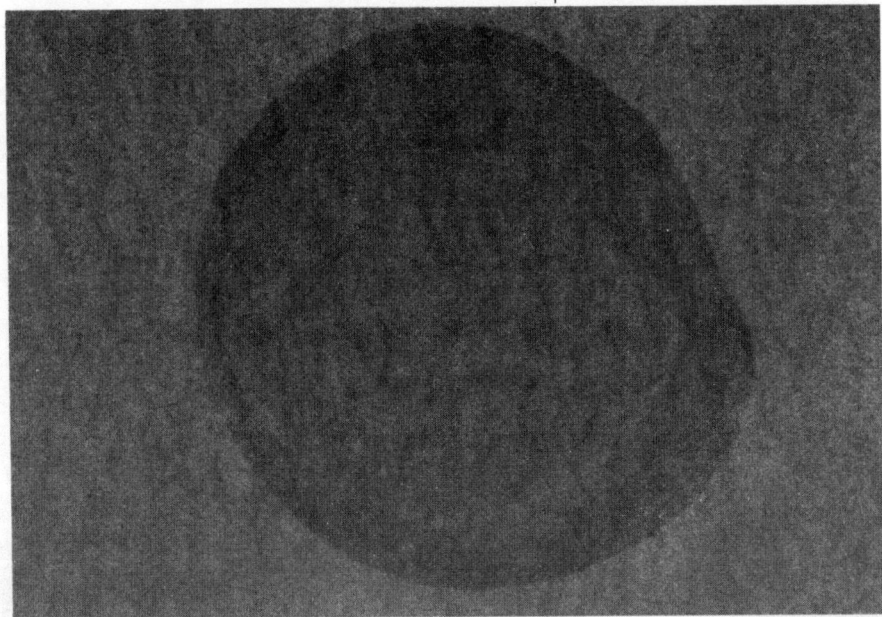

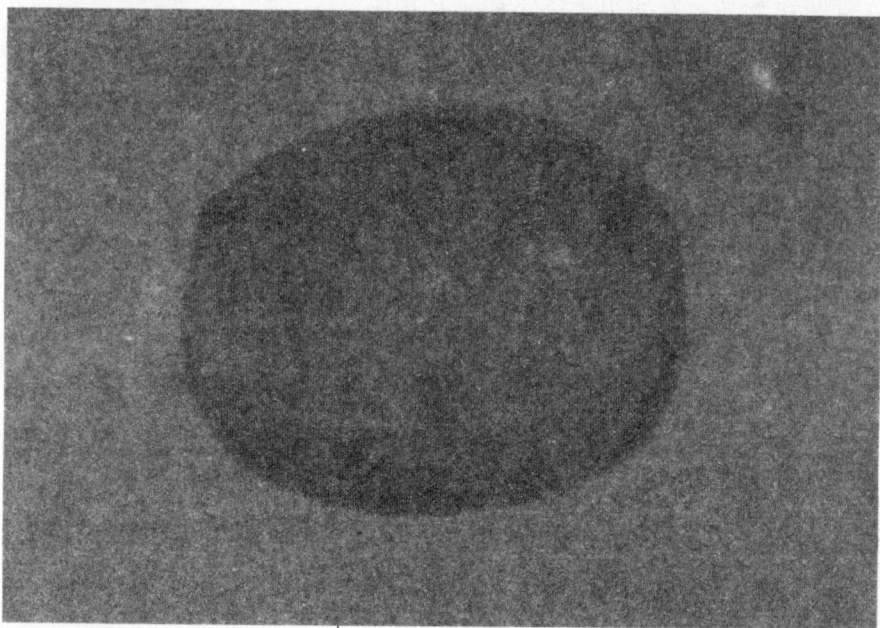

西汉"上林农官"，瓦当

部称南军。

　　二字瓦当：瓦当上面只有两字。

　　"上林"瓦当：陕西西安上林苑遗址出土，是汉文景时期的文字瓦当。以小篆为基础加以规范化，与当时的汉印文字——缪篆风格一致。笔画依当面弧形弯曲，当面边际凸起弦纹。文字竖读，疏落有致。瓦边平整宽阔。

　　三字瓦当：当面上只有三字，配以图案纹饰。

　　"甲天下"瓦当：长19.8厘米，上部为一马一鹿图案，左右并列，下部"甲天下"三字凸起，篆书体。"甲天下"有显示地位之意。

四字瓦当：有的为吉语，如"长乐无极""长生吉利""万岁未央"等，这类吉语瓦当在品种和数量上非常多；有的瓦当文字表明墓葬名称，如"高祖万世""长陵西神""殷氏冢当"等。

"汉并天下"瓦当：汉长安城遗址出土，当面直径17厘米，厚2厘米，边轮较深，宽约1厘米，当面外缘有单线轮廓，内以双线十字界格分四个扇面，篆书"汉并天下"分置其中。中心有一圆柱，圆柱外有单线中心环，径4公分。字体劲健流畅。

"千秋万岁"瓦当：出土于汉王陵，当面中心有乳钉纹，四方有双阳线将当面

西汉"长生未央"瓦当

用蛇形写出的文字瓦当"永嘉受福"

四等分，每格填一字，自右向左直读。边际有弦纹，瓦当边沿平整宽厚。整体风格自然安详，有称功之意。

五字瓦当：有"鼎湖延寿宫""延年益寿昌"等。

"鼎湖益寿宫"瓦当："宫"字在正中心，其他字围成一周。

六字瓦当：有"千金宜富景当"等。

九字瓦当：共有九字，有"延寿万岁常与天久长"等。

"长乐未央延年永寿昌"瓦当：右半部是"长乐未央"，左半部是"延年永寿昌"。

除上述外，瓦当文字尚有十字以上者，如汉武帝茂陵曾出土一个完整的十二字瓦当，外圈八字为"与民世世，天地相方"，内圈四字是"永安中正"。

文字瓦当是汉代瓦当的主流，内容丰富，书法高妙，布局依字数多少而变化，有一种活泼生动的美，是中国文字瓦当艺术中的集大成者。它运用文字线条的依让伸缩，形成一种变化无穷的美的旋律。

瓦当文字多为篆书，也有少见的隶书，在圆这一特定范围内，随形就势，笔画或长或短，字形不取方正，充分发挥了篆文书法的装饰艺术效果。据统计，

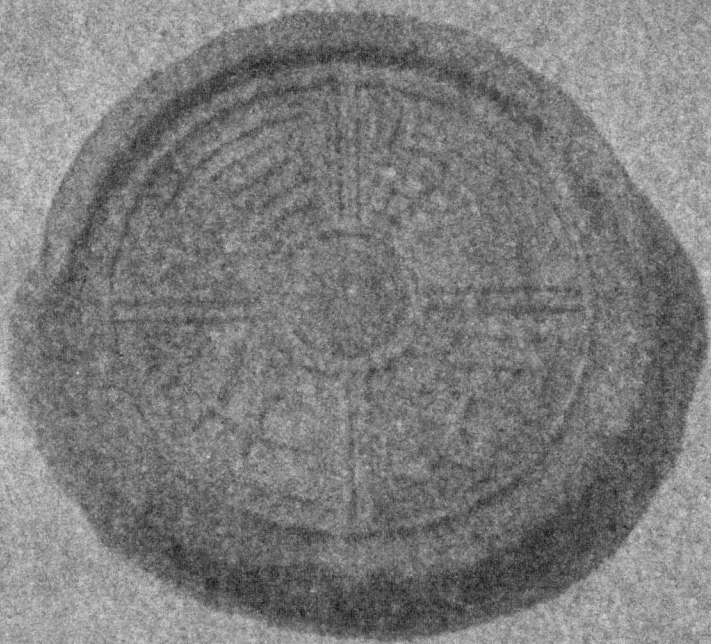

瓦当篆文的变化有 120 种之多，可谓绮丽壮观。

汉人在瓦当这一普通的建筑构件上，在那小小的圆形空间内，充分发挥想象力，创造出丰富多彩的艺术天地，真令人叹为观止。其画像之精美、图案之瑰丽、文字之隽秀已到了登峰造极的境界，成为金石学的研究内容之一。

瓦当反映了古代的社会生活和人们的思想意识，可弥补历史文献之不足。秦瓦当的动植物图案是秦民游牧生活的反映，而云纹表示祥云缭绕，反映了秦民祈福降灵的心态。

汉代凤鸟瓦当

古今百姓都希望天下太平，幸福安康。现在，西北农村的院墙上常写"福""禄""寿"等字做装饰，这和先民的心理是一脉相承的。

瓦当上的文字有时可作为我们判断古代建筑年代、地址的实证，如"京师仓当"的出土为我们指出了西汉京师粮仓的具体位置，还有"长陵东当""长陵西当"等也有同样作用。

京师仓遗址位于陕西省华阴市矶峪乡西泉店村南，又名华仓，建于汉武帝时期（前140—前88年），是为长安贮存、转运粮食的大型粮仓，容量上万立方米。

汉武帝甘泉宫出土金乌瓦当

汉瓦当

石刻古汉字

京师仓遗址规模大，保存好，是目前发现的规模最大的西汉粮仓建筑遗址，对研究汉代建筑史、经济史、漕渠航运史等都具有重要价值。这样重要的遗址就是靠一块小小的瓦当找到的。

瓦当还是研究我国古代书法的宝贵资料，它字数不限，少则一字，多则十余字，组成了一个个完整的画面。字体有小篆、隶书、鸟虫书。鸟虫书是介于文字与绘画之间的一种书体，很受群众喜爱，接近美术体和图案字。

西汉"冢"字瓦当

文字瓦当巧妙地用文字作装饰，处理手段丰富，变化多种多样，有很高的审美价值，具有图案美感。

文字瓦当运用文字书写的艺术技法，通过点线组合或长短线之间的交错、互补、互让、疏密，形成了万千夺目的图案美。

中国古代那些曾经辉煌一时的宫殿建筑，随着时间的推移早已荡然无存了。但我们可以通过众多神采各异的瓦当遥想当年建筑的雄伟与华丽。

文字瓦当反映了时代的审美情趣、高度的艺术概括能力和大度的艺术风范，不但是研究古建筑的实物资料，而且对文物考古、文字嬗变、金石书法、雕刻绘画、工艺美术等方面也都有着很高的研究价值。

**瓦当是祖先留给我们的珍贵的
文化遗产**

　　如上所述，瓦当是祖先给我们留下的
一份珍贵的文化艺术遗产，值得我们借鉴
和发扬。